SCHIMPFWÖRTERSAMMELSURIUM

Falko Hennig

SCHIMPFWÖRTER-SAMMELSURIUM

Buch der schmutzigen Wörter

Für Solveig

Impressum

Bibliografische Informationen der Deutschen Nationalbibliothek
Die Deutsche Nationalbibliothek verzeichnet diese Publikation in der Deutschen Nationalbibliografie; detaillierte bibliografische Daten sind im Internet über
http://dnb.d-nb.de abrufbar.

ISBN: 978-3-95894-229-5 (Print) // 978-3-95894-230-1 (E-Book)

Inhalt

Einleitung

Dieses Buch ist weder klassisches Wörterbuch noch Belletristik, sondern eher feuilletonistisch und, wie ich hoffe, ein Hybrid aus dem Besten dieser drei Welten.

Die ursprüngliche Idee, mich intensiv mit deutschen und manchen internationalen Schimpfwörtern zu beschäftigen, kam mir auf einer Busfahrt durch Bulgarien. Dem war ein fast 50-jähriges Leben mit verschiedenen Höhe- und Tiefpunkten vorangegangen und die Vermutung einiger Freunde, dass mein Interesse an schmutzigen Wörtern seine Ursache in einer Reihe von Prozessen habe, mit denen mich ein Pharmakonzern überzogen hatte, scheint mir plausibel, aber doch nicht zutreffend.

Den Aufenthalt in Bulgarien verdankte ich einem Stipendium, und zwar dem Tandem-Stipendium, das mir Prof. Dr. Hans-Joachim Neubauer zusprach und mit dem ich 2008, betreut von Georgi Tenev, zwei Monate in Sofia zubringen konnte. Durch dieses Stipendium und Georgis Vermittlung kam es zu einer bulgarischen Ausgabe meines ersten Romans, und als ich nach Plowdiw fuhr, da kam mir wie aus heiterem Himmel die Idee. Ich saß im Bus, schaute auf die bulgarische Landschaft und mir fielen immer mehr Schimpfwörter ein, die ich notierte und die den Grundstock dieses Buches bilden. Ich bot dem Redakteur Ulrich Seidler von der Berliner Zeitung das Thema als Schimpfwortkunde an. Zu meiner Freude war er interessiert und von 2012 bis 2021 erschienen dort in der Rubrik „Unterm Strich“ viele meiner feuilletonistischen Abhandlungen zu aktuellen oder antiken Schimpfwörtern. Ziel war eine unterhaltsame und gut lesbare Sprachkunde für allgemein interessierte Leser, mit gelegentlichen Überraschungen sogar für Sprachwissenschaftler.

Das Korsett eines herkömmlichen Wörterbuches brauchte ich nicht anzulegen und konnte in den Artikeln Verwandtschaften sprachlicher oder sinngemäßer Art zusammenfassen. Vorbilder und Inspiration waren mir Autoren wie Adolf Josef Storfer und sein Buch „Wörter und ihre Schicksale“. Dass es kein Buch ohne Fehler und Irrtümer gibt, macht mich kleinlaut in meiner Hoffnung, möglichst wenige davon abgeschrieben und dafür viele korrigiert zu haben.

Häufig musste ich meine Aufsätze für die Kolumne in der Zeitung mit ihrem unbarmherzig begrenzten Platz stark kürzen. Mich tröstete, dass sie eines Tages noch einmal in ganzer Länge erscheinen würden. Während das Kürzen meistens die wirksamste Methode ist, einen Zeitungsartikel entscheidend zu verbessern, tut einem Buch gelegentlich etwas mehr Ausführlichkeit gut.

Die Strukturierung beschränkt sich auf die Unterteilung in aktuelle Schimpfwörter am Anfang und ausgestorbene im letzten Teil des Buches. Doch nicht selten führt gerade die Geschichte eines ausgestorbenen Schimpfwortes überraschend in die heutige Zeit.

Im Allgemeinen geht es um deutsche Schimpfwörter. Ausnahmen sind zum einen die ausländischen Schimpfwörter, mit denen wir Deutsche bezeichnet werden, und zum anderen Wörter, hauptsächlich aus dem Englischen, die in den heutigen deutschen Sprachgebrauch eingegangen sind, und schließlich Wörter, die durch persönliche Erlebnisse und Ereignisse, wie der Fußball-WM in Brasilien 2014, in den Fokus meiner Aufmerksamkeit gerieten.

Eine einheitliche Vorgehensweise hatte ich nicht, abgesehen vom Nachschlagen in den vielen Schimpfwörterbüchern, die ich mir für die Recherchen zugelegt hatte. Ich überprüfte ihre Einträge durch Abgleichen mit anderen Büchern und Lexika auf Papier und natürlich im Internet und, wenn es um den aktuellen Sprachgebrauch ging, im Gespräch mit Zeitgenossen.

Manche Wörter gerieten durch Medienberichte in die Schlagzeilen, andere tauchten in belletristischen und Sachbüchern auf oder in Gesprächen mit Freunden oder Fremden.

Quellen wie das „Das große Schimpfwörterbuch“ von Herbert Pfeiffer zitieren die deutsche Hochliteratur mit Beispielen von Luther bis Goethe, Tucholsky, Mann und Grass, sowie mitunter Zeitungen und andere journalistische Veröffentlichungen. Dem folgte ich immer gern, suchte nach den ursprünglichen Quellen und konnte Ungenauigkeiten früherer Autoren korrigieren. Meine Muttersprache öffnete sich mir neu mit kraftvollen, lebensstrotzenden, seltsamen und wohlklingenden Schimpf-, Kampf- und Stichworten. Manchmal war mir, als sei da nicht der Staub alter Bücher, sondern der Odem des Lebens, ohne den es keine Sprache gibt.

Dem Verleger Alexander Schug verdanke ich die Anregung, auf die allgemeinen Wurzeln und die Kulturgeschichte des Schimpfens und Fluchens einzugehen sowie dieses Buch in die vorliegende Form zu bringen.
Große Freude bereitete es mir, die mir zugängliche Literatur zu durchstöbern und überraschende Bedeutungswandel oder Migrationsgeschichten von Wörtern zu finden. Ich wünsche diesem Buch, dieses Vergnügen möge sich häufig auf die Leserinnen übertragen.

La Serena in Chile, im dritten Corona-Jahr 2022

Kurze Kulturgeschichte der Schimpfkunst

Alle Menschen schimpfen und fluchen - und sie schimpften und fluchten seit Anbeginn der Menschheit. Sie können nicht anders, denn es geschieht im Affekt. Das Schimpfen wird uns vom ältesten Teil unseres Denkorgans befohlen, dem Hirnstamm, der sich in der Evolution seit ungefähr 500 Millionen Jahren kaum verändert hat. Volkstümlich *Reptiliengehirn* genannt, ist der Hirnstamm der Ort unserer unbewussten Instinkte und Triebe.

Die Sprache begann nicht mit einem lyrischen Liebeslied, sondern mit einem kräftigen Schimpfwort, einem harten Ausdruck der Wut, des Schmerzes und der Aggression. Die Kultur begann, als das Schimpfen nicht mehr untrennbar mit körperlichen Handlungen einherging, sondern diese ersetzen konnte. Beim Menschen der Gegenwart sind fast alle aggressiven Handlungen verbal. Wie unsere Welt sonst aussähe, ist schwer vorzustellen.

Wieso schimpfen Menschen? Aus denselben Gründen, aus denen sie atmen, verdauen oder schwitzen. So wie Menschen aus Heiterkeit lachen, aus Freude jubeln, singen oder tanzen, so schimpfen und fluchen sie, wenn sie verärgert, frustriert oder verletzt sind.

Die Kulturgeschichte beginnt mit dem Menschen, aber mit Sicherheit haben auch Tiere vor dem Homo Sapiens Laute von sich gegeben, mit denen sie wie Rohrspatzen schimpften. Affen in Gefangenschaft bewerfen Besucher durch Gitterstäbe gern mit ihrem Kot. Das von Menschen gefluchte „Scheiße!“ ist gleichzeitig Sublimierung und nicht zu unterschätzende Kulturleistung. Dass die Entwicklung zum Höheren damit noch nicht abgeschlossen ist, beweisen Deutsche, die in der Lage sind, stattdessen noch feiner zu fluchen: „Scheibenkleister!“

Im Talmud heißt es: „Achte auf Deine Gedanken, denn sie werden Worte. Achte auf Deine Worte, denn sie werden Handlungen.“ Zum Glück für die Menschheit gilt diese Weisheit nicht für Schimpfworte, denn hätten sich die Beschimpfungen und Flüche der Geschichte erfüllt, dann wären die Erde und das ganze Sonnensystem längst in einem Meer von Blut erloschen.

Seit Erfindung der Schrift wurde nicht nur mündlich, sondern zusätzlich schriftlich geflucht. Wo sie sich erhalten haben und man sie entziffern kann, findet man Beschimpfungen als gemeißelte und geschnitzte Hieroglyphen, auf Papyrus und Papier, bei den alten Ägyptern und Griechen, Chinesen und Inkas. Noch nirgends hat man eine Primitiv- oder Hochkultur gefunden, die auf Beschimpfungen und Flüche verzichtet hätte.

Mit Homers Ilias sind unter anderem auch verschiedene antike Beschimpfungen in die Literatur eingegangen, so lautet in der Übersetzung von Johann Heinrich Voß eine von Hektor gegen Alexandros ausgestoßenen Schimpftirade:

„Weichling, an Schönheit ein Held, weibsüchtiger, schlauer Verführer!

Wärest du nie doch geboren, das wünscht' ich dir, oder gestorben,
Eh' du um Weiber gebuhlt! Viel heilsamer wäre dir solches,
Als nun so zum Gespött dastehn, und allen zum Anschaun!
Ja, ein Gelächter erheben die hauptumlockten Achaier,
Welche des Heers Vorkämpfer dich achteten, weil du so schöner
Bildung erscheinst; doch wohnt nicht Kraft dir im Herzen, noch Stärke!"

Allgemein sind Scherzen und Spotten eng verwandt mit dem Schimpfen. Im Alten Testament der Bibel wird in den sogenannten „Fluchpsalmen" dagegen nur mit blutigem Ernst geschimpft. Martin Luther übersetzte sie 1545 so:

„Die Gottlosen sind verkeret von Mutter leib an
Die Lügner jrren von Mutter leib an.
Jr wüten ist gleich wie das wüten einer Schlangen
Wie eine taub Otter
die jr ohr zustopfft.
Das sie nicht höre die stimme des Zeuberers
Des Beschwerers der wol beschweren kan.
GOtt zubrich jre Zeene in jrem maul
Zestosse HERR die Backenzeene der jungen Lewen."

Im „Psalmenbuch" findet man Dutzende Bitten, der liebe Gott möge doch das Gebet erhören und die Feinde strafen,

denn: „DEr Gerecht wird sich frewen / wenn er solche Rache sihet / Vnd wird seine füsse baden in des Gottlosen blut."
Die Römer erfanden eine eigene Literaturgattung für Beschimpfungen: die „Satiren", die mit heutigen satirischen Schriften nur den Namen gemein haben. Ihr Schöpfer Gaius Lucilius beschimpfte scherzhaft und angriffslustig Persönlichkeiten und gesellschaftliche Missstände.
Jede Sprache besitzt ihre Schimpfwörter und ihre Flüche. Im ältesten Gesetzbuch, das sich ungefähr aus dem Jahr 500 überliefert hat, der Lex Salica der salischen Franken, ist in einem Kapitel „De conviciis", also „Von Schimpfworten", die Rede:
„Wenn einer ein freies Weib, sei's Mann oder Weib, eine andere Hure schilt und es nicht nachweisen kann, werde er zu 1800 Pfennigen, gleich 45 Schillingen, verurteilt." Zum Vergleich kostete es nur 600 Pfennige, jemanden als *Buhlknabe* oder *Hurenbock* zu beschimpfen.
Im Mittelhochdeutschen bedeutete das Verb *schimphen* eigentlich *scherzen*, *spielen* oder *spotten* und bekam erst später im 17. Jahrhundert seinen heutigen Sinn. Genauso hatte das Wort *Schimpf* die Bedeutung von *Spott*, noch häufiger *Scherz* oder *Spiel* und war also das Gegenteil von *Ernst*. Etwas *in schimpf ûf nemen* war keine beleidigte Reaktion, sondern bedeutete *Spaß verstehen*. Bei Ritterturnieren machte *Schimpf* ausdrücklich klar, dass es sich um ein Spiel und kein wirkliches Gefecht handelte. Entsprechend hieß *schimpflich* so viel wie *scherzhaft* oder *spöttisch*.

Ein großer Meister der ernsthaften Schimpfkunst in Deutsch war Martin Luther, und für manche ist er deshalb ein Sprachferkel. Ihm verdanken wir schöne Schimpfwörter wie *Memme*, *Hanswurst* oder *Grobian* und kräftige, bezaubernde Redewendungen, unter anderem *Hummeln im Arsch* und *Ihr sollt eure Perlen nicht vor die Säue werfen*. Seiner Wichtigkeit und Sprachkraft war er sich bewusst, denn er schrieb: „Wenn ich einen Furz lasse, soll man es bis Rom riechen." Dieser Furz musste gute Laune gehabt haben, denn: „Aus einem verzagten Arsch fährt kein fröhlicher Furz."
Die Unterscheidung zwischen Hochkultur und minderwertigem Pop oder Massenkultur ist in Bezug auf Schimpfworte unnötig, denn nicht nur minderwertige oder mittelmäßige Schriftsteller schrieben Flüche und schmutzige Wörter, sondern auch Goethe, Thomas Mann oder Peter Handke sind Meister der Schimpfkunst.

Absolutistische Herrscher versuchten zu allen Zeiten, das Schimpfen, wenn es gegen sie selber gerichtet war, als Majestätsbeleidigung zu verbieten. Dass bis heute in Deutschland die Verunglimpfung des Bundespräsidenten strafbar ist, steht in dieser Tradition. Erst 2017 kam es nach der Böhmermann-Erdogan-Affäre und den diplomatischen Verwicklungen zwischen Deutschland und der Türkei zumindest zur Aufhebung der Strafbarkeit bei Beleidigung von ausländischen Potentaten. Bundeskanzlerin Merkel hatte sich persönlich für eine Aufhebung des §103 StGB eingesetzt.

In der DDR war seit 1968 im Strafgesetzbuch die Herabwürdigung staatlicher Organe oder gesellschaftlicher Organisationen und das Verächtlichmachen der gesellschaftlichen Ordnung verboten und wurde mit jahrelangem Gefängnis bestraft.

Mit der Demokratie dagegen erhob sich das Schimpfen zur Staatsform. Das kann beeindruckend langweilig sein, aber auch sehr unterhaltsam, wenn der politische Gegner mit Worten vernichtet werden soll. Jede Demokratie hat ihre Meister im Schimpfen hervorgebracht.
Dabei scheuen Volksvertreter und sonstige Redner keine Wortspiele und suchen überraschende Volten, was einige Beispiele aus dem Bundestag, stellvertretend für die vielen Demokratien der menschlichen Geschichte, zeigen.
Herbert Wehner von der SPD und Franz Josef Strauß von der CSU waren die Schimpfkönige der alten BRD. Wehner hatte sich schon in der Weimarer Republik über ein Dutzend Ordnungsrufe eingehandelt, im Bundestag waren es nicht weniger als 77. Zum Erfolg einer guten Beschimpfung gehört der Moment der Überraschung, so rief Wehner dem CDU-Abgeordneten Möller während dessen Parlamentsrede zu: „Waschen Sie sich erst einmal! Sie sehen ungewaschen aus." Er bekräftigte seine Forderung zwei Minuten später: „Waschen Sie sich erst einmal!" Jürgen Todenhöfer von der CDU war für Wehner „Hodentöter" und Schneider ein „Ehrab-Schneider". 1970 verblüffte er seinen Gegner Jürgen Wohlrabe von

der CDU mit: „Sie sind eine Übelkrähe!“, und kurz danach mit: „Sie sind ein Schwein. Wissen Sie das?“

Im selben Jahr fand auch ein Schlagabtausch zwischen Rainer Barzel von der CDU und dem Sozi Wehner statt:

Barzel: „Ich habe nicht die Absicht, einen Pappkameraden hier aufzubauen, wie Sie das nannten.“

Wehner rief: „Sie sind ja selber einer!“

Heiterkeit bei der SPD und lebhafte Zurufe von der CDU/CSU: „Unerhört!“

Der Parlamentspräsident fragte nach: „Herr Abgeordneter Wehner, haben Sie den Herrn Abgeordneten Dr. Barzel eben als Pappkameraden bezeichnet?“

Wehner: „Lesen Sie das bitte im Protokoll nach, Herr Präsident!“

„Ich werde es im Protokoll nachlesen.“

Rasner von der CDU/CSU rief: „Ein unverfrorener Mensch“.

Rösing von der CDU/CSU: „Sie sind ja selber einer, hat er gesagt.“

Barzel: „Bleiben wir also bei den Pappkameraden.“

Wehner setzte noch eins drauf: „Schleimer wäre richtiger!“

Franz Josef Strauß konnte schon als junger Mann ordentlich austeilen, 1951 rief er dem KPD-Fraktionschef Heinz Renner zu: „Schnauze, Iwan!“ Strauß beschimpfte 1977 Hans-Dietrich Genscher als „Edelkurtisane zwischen zwei Monarchen“, Helmut Schmidt 1980 als „reif für die Nervenheilanstalt“ und ein andermal Heiner Geißler und Rita Süssmuth auf einen Streich: „Geißler wird nicht Verteidigungsminister, eher wird Rita Süssmuth deutsche Schönheitskönigin." Strauß musste dafür ertragen, von Horst Ehmke als „Bayerisches Rumpelstilzchen" und von Hans-Jochen Vogel (beide SPD) als „Alpenchurchill" bezeichnet zu werden.

Ein anderes Beispiel für die Verballhornung eines Namens im Bundestag ist „Finanzminister Schuldenberg", wie Heinz Suhr (Grüne) Gerhard Stoltenberg nannte.

„Mit Verlaub, Herr Präsident, Sie sind ein Arschloch!", beschied Joschka Fischer (Grüne) 1984 dem Bundestagsvizepräsidenten Richard Stücklen (CSU). 1995 beschimpfte Fischer den damaligen ewigen Kanzler der Einheit, Helmut Kohl (CDU), als: „Drei Zentner fleischgewordene Vergangenheit". „Sie verkörpern Dick und Doof in einer Person", rief Karsten Voigt (SPD) Martin Bangemann (FDP) zu.

Wer das Erbe von Wehner, Strauß und Fischer antreten wird, werden wir erleben. Die Fackel wird weitergetragen: So bemerkte 2012 die SPD-Abgeordnete Barbara Hendricks, der FDP-Politiker Martin Lindner sei der „berühmteste Eierkrauler dieses Parlaments".

Der Bundestag inspiriert. Zu den relativ originellen, im Bundestag verwendeten Schimpfwörtern seit 1949 gehören in alphabetischer Ordnung:

Amokläufer, Bauernkiller, Beamtenkuh, Berufsdenunziant, Dampfnudel, Dösbaddel, Dröhnbüdel, Eiertänzer, Erpressungsminister, Friedhofsredner, Frühstücksverleumder, Galgenkandidat, Generalschwätzer, Graphomane, Großinquisitor,

Gruselkomiker, Harzer Roller, Hebammenkiller, Heiratsschwindler, Hilfsabgeordneter, Knallfrosch, Lackschuh-Panther, Leichenfledderer, Lügenbold, Lüstling, Massenmörder, Micky Maus, Möchtegern-Schimanski, Nadelstreifen-Rocker, Naziflegel, NS-Schulungsredner, Ochsenfrosch, Obertünnes, Petersilien-Guru, Pistolero, Pöbelkönig, Putzlumpen, Ratte, Rotzjunge, Schlange, Selbstbefriediger, Sumpfblüte, Wollüstling, Wrack, Wühlratte und Zuhälter.

Für das psychische Wohlbefinden ist das Schimpfen und Fluchen so unverzichtbar wie für das körperliche die Verdauung, einschließlich Flatulenz. Sowohl geistige als auch körperliche Spannungen werden dadurch abgebaut und wir erlangen unser Gleichgewicht zurück. Das Schimpfen schützt uns vor Stress und davor, körperlich gewalttätig zu werden.
Das gute Fluchen und Schimpfen, so schreibt es Sebastian Freud in seinem „Handbuch der Beschimpfungen", öffnet die Türen zum Unterbewusstsein, fördert den Sinn für Humor und ist ganz allgemein gut für die Gesundheit.
Der Traum einer Menschheit ohne Schimpfen, Fluchen und die dazu nötigen Wörter ist ein Alptraum.

Gegenwart

Schimpfen in der Pandemie: Die C-Wörter

Mit was beleidigen sich Viren? Mit Impfwörtern! Dagegen bleiben die Deutschen beim Beleidigen bei Schimpfwörtern und die Pandemie hat davon eine große Menge neue hervorgebracht.

Den meisten Menschen ist das Thema so über, dass sie ein Hüllwort (wie Armloch oder Scheibenkleister) benutzen und anstatt Corona lieber *C-Wort* sagen oder schreiben.

Von den Deutschen werden Pandemie, Covid, COVID-19 und Corona synonym gebraucht und so kann man alle im Folgenden erwähnten Schimpfwörter entsprechend variieren.

Zuerst wurden und werden die Viren selber beschimpft, was diese aber insgesamt wenig beeindruckt hat. *Wuhan-*, *China-* oder *Chinesen-Virus*, *britischer Virus* oder *Britenvirus*, *Südafrika-Virus*, die *Mutante aus Indien* oder die *Mutation aus Brasilien*, die Bezeichnungen haben gemeinsam, dass ein xenophober Ton mitklingt, am deutlichsten bei Trumps feindlichen Äußerungen gegenüber China herauszuhören.

Klar ist, wer Schuld hat, das sind die *Covidioten*, also Menschen, die sich in der Pandemie falsch verhalten. Harmlos sind da noch die *Corona-Sünder*, denn wir sind alle kleine

Sünderlein, im Gegensatz zu den *Coronasuperverbreitern*, *Multi-Spreadern* und *-Treibern*, den *Virenbombern* und *-schleudern*, die uns das alles eingebrockt haben.
Dann kommen die *Lockdownverweigerer*, *Lockerungsdrängler*, *Maskengegner*, die *Nacktnasen* mit *Nasenpimmel* und die *Maskenmuffel*. Da viele Männer überzeugt waren, mit einer Maske durch die gesamte Pandemie zu kommen, ist ungeklärt, wer für die Ausbreitung mehr Verantwortung trägt, die Maskenmuffel oder die Muffelmasken der Dauerbenutzer. Auch die *Klopapierhamster* oder *-prepper* haben in der Anfangszeit den Alltag erschwert.
Was ein *Wirrologe* ist, erschließt sich wahrscheinlich jedem, denn wir alle haben mindestens einen davon im Familien- und Freundeskreis oder schon einmal einen im Internet oder Fernsehen gesehen. Ein Wirrologe hat eine eigene Expertise, egal ob er in der Virologie bewandert ist oder nicht, er zeigt einem ungefragt eine Fülle von Widersprüchen in Politik und Berichterstattung auf und ignoriert dabei, dass seine Ausführungen um ein Vielfaches widersprüchlicher sind.
Corona-Petzen zeigten Personen bei der Polizei an, die sich ihrer Meinung nach nicht an die Regeln hielten. Aber auch, wer nicht Opfer von Denunzianten wurde, konnte von *Corona-Scham* oder *-Shaming* befallen werden, wie zum Beispiel ich selbst, als ich es von Januar bis April des zweiten Corona-Jahres 2021 vorzog, auf Gran Canaria Fußball zu spielen und zu baden, anstatt der Empfehlung

der Bundesregierung zu folgen und meinen Arsch gefälligst zu Hause zu lassen.
Mit *Aluhut* bezeichnete man ursprünglich den Spinner, der sich vor Satelliten- oder Weltraumstrahlung durch einen Aluhut schützt. Manch stolzer Querdenker trug in Anspielung darauf an Hose, Handgelenk oder Hals aus Folie gerollte Alu-Bommeln oder -kugeln.
Quarantänebrecher oder *Ausbrecher* und nicht nur sie schimpften über den *Salamilockdown*. Als *Corona-Leugner* oder *Corona-RAF* wurden Menschen diffamiert, von denen man extremistischen Protest erwartete. Sie selbst sahen sich lediglich als *Corona-Kritiker* oder *-Rebellen* und unser politisches System ist für sie keine Demokratie, sondern eine *Hygiene-* oder *Corona-Diktatur*, gern auch *-Regime* oder sogar *Corona-Faschismus* mit *coronaesken* Verordnungen, kurz: eine *Plandemie*.
Die *Balkonklatscher* ganz am Anfang der Pandemie waren nicht nur ihnen, sondern auch vielen Beklatschten ein Ärgernis, weil die sich wünschten, dass die Applaudierenden sich ihren Beifall sonstwohin steckten und eher besser bezahlt werden wollten.
Die *Corona-Skeptiker* veranstalteten Hygienedemos. Für sie waren die Menschen auf der anderen Seite des Coronagrabens Opfer von *Panikdemie*, *Coronahysterie*, *Coronapanik* und *Coronahype*. Sie seien *Corona-Gläubige* oder gar *Corona-Lügner*, *Maskentrottel*, *Maskensklaven*, *Maskenknappen*, die sich mit untauglichen, selbstgehäkelten *Schnutenpullis*,

Coronalappen, *Kinnwindeln* oder *Gesichtskondomen* zu schützen suchen.

Wer nicht daran glaubt, dass Merkel, Trump, Biden, Gates und alle anderen Mächtigen einen gigantischen Coup durchziehen, wird von ihnen als *Schlafschaf* oder *Zeuge Coronas* beschimpft.

Ein aus Angst oder Wut aggressiver *Corona-Mob* kann sowohl aus Vertretern der einen wie der anderen Seite bestehen.

Die Geschichte der *Querdenker* ist die eines gefallenen Wortes. Bis Corona waren Querdenker ehrenwerte ältere Herren der CDU so wie Kurt Biedenkopf und Heiner Geißler oder von der SPD Willy Brandt und Helmut Schmidt. Wurde jemand als Querdenker bezeichnet, dann war dies eine Auszeichnung und bedeutete, dass derjenige sich unabhängig vom Tagesbetrieb wichtige Gedanken um Gegenwart und Zukunft machte. Vermutlich würden genau diese Politiker, wenn sie mit Maßnahmen die Seuche eindämmen wollten, von den Querdenkern als *Coronazis* und *Seuchensheriffs* beschimpft werden. Ihre Gegner zogen über die Querdenker wiederum mit *Leerdenker*, *Querfurzer* oder *Querpupser* her.

Zombies waren Unternehmen wie die Lufthansa oder jedes beliebige Luftfahrtunternehmen. Tourismus, Messebau und Gastronomie, die Konzertveranstalter und Hotels gehörten dazu. Ganze Branchen waren und sind stark verschuldet und nur noch durch staatliche Alimentation lebensfähig.

Eine Einrichtung, in der Infizierte zwangsweise zur Quarantäne untergebracht wurden, war ein *Coronaknast.* Lernplattformen wurden als *PDF-Schleudern* diffamiert. Mit dem Impfen gegen die Krankheit müsste die Krise mittelfristig überwunden werden, doch auch diese Zeit bringt noch neue Schimpfwörter hervor, *Impftourist*, *Impfdrängler* oder *-vordrängler* gehören genauso dazu wie umgekehrt *Impfmuffel, Impftrödler* oder *Impfverweigerer.*
Die neuen Wörter füllen ein eigenes Wörterbuch, darin sind auch etliche, die eigentlich keine Schimpfwörter sind, aber leicht für Beleidigungen genutzt werden können. Dazu gehört der adipöse *After-Corona-Body* mit seinen zusätzlichen *Coronakilos*. Die vielen Bezeichnungen dieser Deformation machen den gefährlich verfetteten Zustand des Volkskörpers deutlich: *Corona-Bauch*, *Corona-Speck*, *Corona-Plauze*, *Corona-Wampe* und die *Corona-Figur.*
Auch waren *Corona-* oder *Lockdown-Frisur*, *-Matte*, *-Mähne*, der *Corona-Schnitt*, *Krisen-Frisen*, *Pandematte* oder das *Corona-Haar* eher nicht sehr modisch, sondern den geschlossenen Haarschneidereien geschuldet.
Nach den ersten zwei Jahren Corona waren die meisten Deutschen krank, müde, overzoomed oder tot und ihre Hoffnung war erloschen, dass dieser Zustand jemals endet. Dann überfiel Russland die Ukraine und urplötzlich hatten alle Sehnsucht nach der friedlichen Corona-Zeit mit den Diagrammen und Zahlen zur aktuellen Entwicklung.

Deutsche für Ausländer

Ausdrücklich soll es im Folgenden nicht um deutsche Schimpfwörter gehen, sondern um Schimpfwörter, mit denen Deutsche belegt werden. So wie wir Deutsche viele Schimpfwörter für unsere Nachbarn und Ausländer aller Art haben, verfügen auch diese über einen reichen Wortschatz, um uns zu beschimpfen. Aus entsprechender Entfernung sind wir Europäer allesamt *stinkende Teufel*, *Chou Gui* nennt uns der Chinese, manchmal auch nur *ausländische Teufel*, *Yang Gui*, oder *alter Ausländer*, *Gao Bi*. Eine andere verbreitete Beschimpfung ist *Aas*, *Fu Rou*. *Langnasen* stellt entgegen dem allgemeinen Glauben keine Herabsetzung dar. Das chinesische *Gao Bi*, das üblicherweise so übersetzt wird, heißt eigentlich *Hochnasen*, da die europäische Nase weiter oben beginnt. So oder so ist es keine Beschimpfung wie unsere Bezeichnung *Schlitzaugen*, sondern freundlich gemeint.

In Westafrika, genauer in der Elfenbeinküste, wurde ich selber als *chien blanc*, als *weißer Hund* beschimpft.

Für Mittel- und Südamerikaner sind wir *Gringos*, egal wie oft wir darauf hinweisen, dass wir keine US-Amerikaner seien. Im Sprachgebrauch meiner Fußballfreunde in Argentinien ist *Gringo* aber normalerweise eine ironische Selbstbezeichnung, so wie *Affe*, *Hund* und *Mutant*: *mono*, *perro* und *mutante*.

In Europa selber finden wir bei Beschimpfungen Deutscher

reiche Sprachschätze. Die Polen haben für keine andere Nation so viele Schimpfwörter in Gebrauch wie für die Deutschen. Einige Beispiele sind *fryce*, *adolfy*, *helmuty* – *w*omit auch die polnischen Schlesier bezeichnet werden –, *hitlerowcy*, *gestapowcy* und die *pierdoły saskie*. *Prusaki* wird nicht nur auf Preußen, sondern auch für Kakerlaken gebraucht.

Am gebräuchlichsten bei unseren östlichen Nachbarn aber sind die abwertenden Bezeichnungen *szwab*, was wie „Schwab" ausgesprochen wird, und *szkop*, gesprochen „Schkopp". *Szwaby* leitet sich von der polnischen Bezeichnung für Schwaben ab, und sogar das Verb *oszwabić* entstand daraus, es bedeutet *betrügen*.

Noch negativer aber sind die *szkopy*, im Zweiten Weltkrieg wurden so die deutschen Besatzungssoldaten bezeichnet. In der polnischen Populärkultur, zum Beispiel in den Serien „Stawka wieksza niz zycie", „Kapitan Kloss" und „Vier Panzerleute und ein Hund" rufen diese normalerweise: „Raus! Schnell, schnell, raus!" oder: „Hände hoch!" Die Herkunft ist umstritten, es könnte vom kastrierten Schafbock *szkop* stammen oder vom Holzgefäß *skopiec*.

In Tschechien begegnen wir wieder den *Prušáci* und den *Šváby* als Herabsetzungen, aber auch dem Begriff *Šošáci* (gesprochen „Schoschatzi"), der Deutsche als konservative und obrigkeitshörige Spießer charakterisiert.

Auch die Franzosen verfügen über einen beachtlichen Vorrat an Schimpfnamen für uns, so *Fritz*, *Frisés*, *Fridolins* und *Chleuhs*. Am bekanntesten aber ist *Boche* (gesprochen „bosch"). Ernst von Salomon hat neben seinem berühmten Werk „Der Fragebogen" 1950 auch über seine Erlebnisse als „Boche in Frankreich" berichtet. *Tête boche* bedeutet *harter Schädel*. Höchstwahrscheinlich ist *boche* eine Kurzfassung von *alboche*, das sich wiederum aus *al-*, für *allemand*, und *caboche*, also *Dickschädel*, zusammensetzt. Eine andere Möglichkeit, auf die der Sprachforscher Charles Berlitz hingewiesen hat, ist die Bedeutung *kleiner Deutscher* von *alboche*.

Piefkes und *Marmeladebrüder*

Die Österreicher haben gleich zwei originelle Bezeichnungen für uns, für sie können wir *Piefkes* sein oder *Marmeladinger*. In einem lateinischen Krakauer Dokument von 1390 findet sich der altpolnische Familienname Piwka, der mit *piwo* für *Bier* verwandt ist, und in einem deutschen Lemberger Dokument von 1445 taucht ein *Piwke* auf. Mutmaßlich haben deutsche Siedler dort den Namen zu *Piefke* eingedeutscht. Aber erst die Niederlage Österreichs gegen Preußen 1866 führte zu dieser Bezeichnung, zuerst für Preußen und später für alle Deutschen.
Der preußische Militärmusiker Johann Gottfried Piefke (1815-1884) komponierte den „Königgrätzer Marsch" zur Feier des preußischen Sieges und dirigierte bei der Sie-

gesparade. Auch sein Bruder Rudolf (1835-1900) leitete dabei einen Musikkorps. Die Wiener sollen angesichts der marschierenden und klingenden preußischen Übermacht gerufen haben: „Die Piefkes kommen!" Davon abgeleitet gibt es auch noch den *Piefkineser.*

Die Bezeichnung *Marmeladinger* ist eher in Ostösterreich üblich und stammt aus dem Ersten Weltkrieg, als sich die deutschen Soldaten statt Butter und Schmalz nur billige Marmelade aufs Brot schmieren konnten. Wer den Schaden hat, braucht für den österreichischen Spott nicht zu sorgen, *Marmeladinger* oder *Marmeladebrüder* nennen sie die Deutschen seitdem.

Gummihälse, Moffen und *Poepen*

Für die Schweizer ist ein Deutscher ein *Gummihals*, jedenfalls wenn er in der Schweiz lebt. Seit den 1970er Jahren ist die Bezeichnung in Gebrauch, aber es gibt keine Einigkeit über die Herkunft. Sicher ist, dass mit *Gummihals* zuerst an den Schweizer Universitäten deutsche Kommilitonen oder Dozenten verspottet wurden. Die wortkargen Schweizer waren überzeugt, dass die schwatzhaften Deutschen nicht einmal dann mit Reden aufhören würden, wenn man ihnen den Hals umdrehen würde. Seit über einem Jahrzehnt ziehen ungefähr 40.000 Deutsche pro Jahr in die Schweiz, Bruno Ziauddin hat in dem Buch „Grüezi

Gummihälse: Warum uns die Deutschen manchmal auf die Nerven gehen" die Überfremdung der Schweizer durch Deutsche thematisiert – oder vielmehr die Angst davor. Ziauddin glaubt, *Gummihals* komme vom übertriebenen Nicken deutscher Jungärzte, sobald Chefärzte mit ihnen reden.

Für die Niederländer sind wir *Moffen*, oder in der Einzahl ein *Mof*. Auch dieses Schimpfwort ist nicht schmeichelhaft, stammt es doch von *Muff* und *muffig*. Schon im „Deutschen Wörterbuch" der Brüder Grimm findet man Muff als „Spottwort der Holländer wider die Niedersachsen". Im 16. Jahrhundert wurde es auf mürrische und ungehobelte Menschen angewandt, Anfang des 17. Jahrhunderts sollen die Ostfriesen und Emsländer von den Deutschen *Moffen* genannt worden sein. Wenn dem so ist, könnten die Niederländer die Bezeichnung für alle Deutschen von dort übernommen haben.

Im Zweiten Weltkrieg war das Wort ein Synonym für *Nazi*, ließ sich eine Niederländerin auf ein Techtelmechtel mit einem deutschen Soldaten ein, beschimpfte man sie als *Moffengriet*. Inzwischen sind die kriegerischen Auseinandersetzungen zwischen unseren Nationen zum Glück ins Stadion verbannt. Wenn Oranje beim Fußballspiel ein Tor gegen die Deutschen schießt, singen die Holländer: „Wat zijn die moffen stil, wat zijn die moffen stil!": „Was sind diese Deutschen still!"

Im Norden der Niederlande spricht man eher von *Poep*

(gesprochen „Pup“) für einen Deutschen. Joost Hiddes Halbertsma (1789–1869) war der Meinung, dass *Poepen* keine wertende Bezeichnung wäre, sondern nur *Fremde* bedeutet. Da *Poep* in der Einzahl auf Niederländisch auch *Scheiße* bedeutet, kann man getrost Zweifel an der Neutralität des Wortes haben.

Krauts

Für Amerikaner und Engländer sind die Deutschen *Krauts*. Das Wort leitet sich, klar, von Sauerkraut ab, mit dem auf deutschen Schiffen dem Skorbut Einhalt geboten wurde. Ganz ähnlich entstand übrigens der Spitzname *Limeys* für englische Matrosen, denn die behandelten die Vitaminmangelkrankheit mit Zitronen.

Das Schimpfwort *Kraut* hat nach dem Zweiten Weltkrieg seine böse Bedeutung eingebüßt, Ernest Hemingway konnte Marlene Dietrich, in die er verliebt war, zärtlich mit „My little Kraut“ liebkosen. *Krautland* für Deutschland ist kein ganz so schlimmes Wort. Auch die Bezeichnung *Krautrock*, für deutschen Progressive Rock der späten 1960er und 1970er Jahre, leitet sich davon ab und ist so freundlich wie *Krautwestern* für die deutschen Karl-May-Filme. Ein Hip-Hop-Sampler von 1991 hatte den Titel „Krauts with Attitude“, angelehnt an den Namen der amerikanischen Band Niggaz with Attitude N. W. A.

Auch in Norditalien hat sich eine Ableitung von *Krauts* für Deutsche durchgesetzt, *Crauto* in der Ein- und *Crauti* in der Mehrzahl. Die Bezeichnungen *Mangiapatate*, also *Kartoffelfresser*, und *il wurstel* werden immer seltener benutzt. Italiener können Deutsche auch einfach *Bratwurst* nennen, was eher freundlich gemeint ist.

Die Wort *Crucco*, in der Mehrzahl *Crucchi*, als Substantiv und als Adjektiv, wird von den Italienern am meisten verwendet. Es stammt vom kroatischen *kruh* für Brot. Während des Ersten Weltkrieges waren nur die Einwohner Südjugoslawiens *Crucchi*, bald wurde die Beschimpfung, auch als *cruco*, auf die deutschen Soldaten übertragen. Heute ist es die übliche Beschimpfung für Deutsche.

Engländer und Australier nannten die deutschen Soldaten im Zweiten Weltkrieg *jerries* in der Mehrzahl oder einzeln *jerry*. Gebraucht wurde der Spitzname angeblich schon im Ersten Weltkrieg, als die deutschen Helme als *Nachttöpfe*, *jerries*, verulkt wurden, und bald auch ihrer Träger. Wahrscheinlicher ist aber eine lautmalerische Ableitung von *german*.

Der Begriff wurde im Zweiten Weltkrieg sogar auf den Wehrmacht-Einheitskanister übertragen, der 1939 in Vorbereitung des Angriffs auf Polen in riesigen Stapeln aufgeschichtet war und bei den Briten den Namen *jerrycan* erhielt. Die motorisierten Einheiten waren für den Blitzkrieg mit den Kanistern und Gummischläuchen ausgerüstet, um an jeder möglichen Quelle Benzin zapfen zu können. Benannt wurde nach dieser Strategie auch die US-amerikanische Firma Blitz, die Benzinkanister, die *blitz cans*, für die amerikanischen Truppen herstellte. Nach 1945 setzte sich bei den in Westdeutschland stationierten Briten die Bezeichnung *boxhead* für den Deutschen durch, einer Ableitung von *squareheads*, womit auf die Form der in den beiden Weltkriegen von den Deutschen benutzten Helme angespielt wurde.

Hunnen

Das Schimpfwort *Hunne* steht zum einen allgemein für einen Barbaren oder zerstörungswütigen Menschen, aber noch wichtiger war es für Engländer als Beschimpfung Deutscher oder deutscher Soldaten im Ersten Weltkrieg. Tatsächlich waren die *Hunnen* genannten Verbände von Nomaden aus Ostasien nicht sehr umgänglich, seit sie im 3. Jahrhundert vor Christus China bedrohten. Erst die gegen sie errichtete Chinesische Mauer konnte ihnen Einhalt gebieten. Sie überrannten im 4. und 5. Jahrhundert unserer Zeit mit ihren Pferden stattdessen Frankreich und Italien und eroberten Ost- und Zentraleuropa. Zum Schrecken, den sie durch ihre große Menge, ihre Geschwindigkeit und ihre Siege verbreiteten, kam der Abscheu, den sie mit ihren gellenden Stimmen und ihrer abstoßenden Hässlichkeit auslösten, so dass es Ermanarich, der König der Goten, bei ihrer Ankunft 375 vorzog, sich selbst zu entleiben.

Der Hunnen-König Attila vereinigte, nachdem er seinen Bruder ermordet hatte, 445 die Macht über die verschiedenen Gruppen als Alleinherrscher und wurde zum mächtigsten Mann seiner Zeit. Durch seine Mitwirkung an der Zerschlagung des Reiches der Burgunden am Mittel-Rhein wurde er wichtiger Teil der deutschen Heldensage des Mittelalters: Er ist der König Etzel des Nibelungenliedes. Mutmaßlich würde kaum noch jemand von den Hunnen sprechen, wenn Wilhelm II. nicht am 27. Juli 1900 in Bremerhaven seine „Hunnenrede" gehalten hätte. Er verabschiedete mit seinen goldenen Worten ein deutsches Ostasien-Expeditionskorps, das im Kaiserreich China den Boxeraufstand niederschlagen sollte:

„Ihr sollt fechten gegen eine gut bewaffnete Macht, aber Ihr sollt auch rächen nicht nur den Tod des Gesandten, sondern auch vieler Deutscher und Europäer. Kommt Ihr vor den Feind, so wird er geschlagen, Pardon wird nicht gegeben; Gefangene nicht gemacht. Wer Euch in die Hand fällt, sei in Eurer Hand. Wie vor tausend Jahren die Hunnen unter ihrem König Etzel sich einen Namen gemacht, der sie noch jetzt in der Überlieferung gewaltig erscheinen läßt, so möge der Name Deutschland in China in einer solchen Weise bekannt werden, daß niemals wieder ein Chinese es wagt, etwa einen Deutschen auch nur scheel anzusehen."

Selbst fürs Deutsche Kaiserreich war ein Oberhaupt, das seinen Soldaten Kriegsverbrechen befahl, ein starkes Stück. Der spätere Reichskanzler Bernhard von Bülow brachte sofort eine entschärfte Version der Rede in die Presse, in der die grausamen Passagen fehlten, aber der tatsächliche Wortlaut war schon in Lokalzeitungen erschienen und ließ sich nicht mehr verheimlichen.

Wilhelm II. hatte großen Anteil daran, dass die europäischen Mächte, nicht nur die Deutschen, in China mit äußerster Grausamkeit wüteten und in der Tat die Gefangenen massenhaft ermordeten.

Für die Engländer im Ersten Weltkrieg war diese Rede der Beweis für das barbarische Verhalten der Deutschen und führte in der britischen Kriegspropaganda zur Bezeichnung *huns*.

Als das Vereinigte Königreich zu Beginn des Krieges acht deutsche Handelsdampfer beschlagnahmte, um sie anschließend unter britischer Flagge fahren zu lassen, bekamen sie allesamt neue Namen, die mit *Hun-* begannen, so zum Beispiel Hungerford, Hundley und Huntsgreen. Daraus folgend wurden diese Schiffe *hun steamers* genannt, also *Hunnendampfer*.

Der Gebrauch des Wortes *Hunnen* ging im Zweiten Weltkrieg zurück, auch wenn Winston Churchill 1941 beim deutschen Angriff auf die Sowjetunion von den „stumpfen, dressierten, lenkbaren, bestialischen Massen der Hunnen-Soldateska“ sprach, die in das Land einfielen wie ein

Schwarm Heuschrecken. Auch sein Alliierter Franklin D. Roosevelt benutzte das Wort anlässlich der Landung in der Normandie, mit der man „die Hunnen aus Frankreich vertreiben" würde. Aber sowohl die britischen als auch die amerikanischen Soldaten verwendeten schon damals häufiger die Wörter *Jerry* oder *Kraut* für ihre deutschen Gegner. Benutzt wird im Deutschen gelegentlich noch der von *Hunne* über das mittelhochdeutsche *hiune* und das niederdeutsche *hûne* abgeleitete *Hüne* für *Riese*. Aus dem Englischen kam die Bezeichnung *hun* auch in die schwedische Sprache und als *huno* im Zweiten Weltkrieg ins Brasilianische.
Vom englischen *Kraut* leitet sich auch die schwedische Beschimpfung *Sauerkraut* ab. Genau wie *Hunne* ist es im Ersten Weltkrieg in Schweden von den Engländern übernommen worden. Ansonsten schimpft der Schwede den Deutschen einfach *Nazi*.
Die Dänen beschimpfen uns mit *Pølsetysker*, *Wurstdeutsche*, seltener gebraucht wird *hitlerne*, die *Hitlers*. Eine Deutsche ist *en gabi*, also *eine Gabi*, und die bekannte Vokuhila-Frisur kennen unsere nördlichen Nachbarn aus dem Fernsehen und nennen sie *bundesliga-hår* (*hår* wird „hor" gesprochen): *Bundesligahaare*.

Vater aller schmutzigen Wörter

Der Ur-Arsch

Arsch ist das deutsche Schimpfwort mit der längsten Geschichte und im Sprachgebrauch einschließlich des *Arschlochs* allgegenwärtig. Um 4000 vor Christus gab es mutmaßlich im Indogermanischen das Wort *orso* oder *orsos* für *Hinterer* oder *Schwanz* als „Ur-Arsch".
Ungefähr 1.000 Jahre vor unserer Zeit klang das hethitische *arra* ähnlich, auch wenn heute niemand mehr weiß, wie genau die Keilschrift ausgesprochen wurde. Zirka 800 Jahre vor Christus stand im Altgriechischen *orros* für *Hinterteil.* Im Mittel-, Althochdeutschen und im Altsächsischen lässt sich das vom germanischen *arsa* abgeleitete *ars* nachweisen, das im Altenglischen zu *ears* wurde. Im Neuniederländischen finden wir den *aars*, im Neuenglischen den *arse*, ganz ähnlich dem neuschwedischen *arsel* und dem neuisländischen *rass*. Auf Althochdeutsch schrieb Notker III. (um 950-1022), immerhin der bedeutendste Übersetzer vor Luther: „So diz Rehpochchili fliet, so plecchet imo ter Ars". In heutiger Sprache: „Wenn das Rehböckchen flieht, blitzt ihm der Arsch", also die weiße „Blume" des Hinterns. Nicht belegen lässt sich, wann in der Menschheitsgeschichte zum ersten Mal die Bezeichnung für das rückwärtige Körperteil benutzt wurde, um jemanden zu beschimpfen.

Die Vielzahl der Synonyme für und Zusammensetzungen mit *Arsch* wird im folgenden kleinen Arschlexikon deutlich.

Kleines Lexikon für den Arsch

A

Äas
Ärschle
Acherponim: aus dem Jiddischen und Rotwelschen *hinteres Gesicht*
Achtersteven
Adamsberg
After
Allerwertester
Analkanal
Analscharte
Anus
Armloch: Wegen des Gleichklangs mit *Arschloch* wurde das ursprünglich für den Armausschnitt eines Kleidungsstücks benutzte Wort zu einem kein bisschen schwächeren Schimpfwort.
Armleuchter: verhüllender Ausdruck für *Arschloch*, genauso *Armloch*.
Apfel

Arabische Möse
Arschbackengesicht, Arschbackentoni → Arsch mit Ohren
Arschbell: Arschbacke
Arschgesicht → Arsch mit Ohren
Arschleder
Arschloch
Arse → Ass
Arsch mit Ohren: unsympathischer, einfältiger oder dummer Mensch mit ausdruckslosem, feistem Gesicht
Ass (englisch): Zur Zeit Shakespeares bedeutete es *Esel*, wurde aber genauso wie *Arse*, also *Arsch*, ausgesprochen. Daraus entwickelte der Dramatiker im „Sommernachtstraum" viel Komik. Wegen der Tabuisierung des Wortes wurde das Tier ab dem 18. Jahrhundert *donkey* genannt. Barack Obama wollte 2010 wissen, wer für die Ölpest im Golf von Mexiko verantwortlich ist, "so I know whose ass to kick".
Asshole: Arschloch

B

Badass: Diese Bezeichnung, auch *bad ass* oder *bad-ass,* für einen *Penner* oder einen aggressiven und unangenehmen Mitmenschen, entstand laut Andrew Williams („Rude Words, A Short Dictionary") in den USA der 1950er Jahre und wurde bald als Kompliment für kompromisslose und starke Leute verwendet. So kann es als Adjektiv im Sinne des deutschen *geil* genauso verwendet werden wie als Titel eines Kinofilms über Draufgänger.

Berg
Bierarsch
Bild
Block
Boß
Birne
Bürzel
Bütterich
Buchstaben → *vier Buchstaben*
Blanke, der
Bobbes: rheinhessisch
Bobbo
Bowels: englisch
Bubifurkation
Bumba
Bupper
Buttocks: englisch

C

Clunis oder *clunes*: anatomisch
Corpus Posteriorum → Die Typografie und ihre Schimpfwörter

D

Dicke Kiste
Dokus → *Tokus*

Dotsch
Dups → *Ruscheldups*
Dutsch

E

Erziehungsfläche

F

Fetschner
Fettarsch
Fettbacken
Fettbeule
Fettsteiß
Fetzer
Fott: kölsch, wie auch *Föttche*
Fotze der Zukunft
Füdele
Füdle: schwäbisch
Füdli
Fußtrittempfänger
Fut
Futt

G

Gasfabrik
Gaskammer
Gatt
Gereit
Gesäß
Gesäßhälften
Gesicht, das andere
Gesims
Griffbrett
Glutealregion: anatomisch, vom Adjektiv *gluteus*, zum Gesäßmuskel gehörend, abgeleitet

H

Halbkugel
Halbmond
Hamm
Herodes
Hinterbacken
Hintergestell
Hinterkastell
Hinterkasten
Hintern
Hinterquartier
Hinterster oder der *Hinterste*

Hintersteven
Hinterteil
Hinterviertel
Hosenboden

I

Ischium: Die anatomische Bezeichnung für das Sitzbein geht auf das lateinische *Os ischii* und das wiederum auf das altgriechische *ischion (ἰσχίον)* zurück und bezeichnet den unteren Teil des Beckenknochens.

K

Kehrseite der Medaille
Keks
Kimme
Kiste
Kollo
Kürbis
Kuharsch
Kunte
Kullo
Kurven
Kurvenreiche Landschaft

L

Leckwiese
Lederzeug

M

Machilo
Mallus
Mond
Mors: norddeutsch
Mörteltrog
Musculos glutaeos: Gesäßmuskeln

N

Natis: anatomisch, Plural *nates*
Nörsing

O

Ocher
Ofen
Organ

P

Padde

pädagogische Fläche

Palduno

Pitsche

Plafandel

Plafond

Po → Der deutsche Humorist Wilhelm Bendow, durch Loriots Zeichentrickfilm „Auf der Rennbahn" bis heute im kollektiven Gedächtnis, nutzte die Komik des Gleichklangs dieses freundlichen Wortes mit einer Ortschaft. Sein unfreiwilliger Gesprächspartner auf der Pferderennbahn zählt begeistert Orte wichtiger Pferderennen auf:
„In Frankreich, in Auteuil, in Biarritz und in Pau."
„Im Po auch? Ach sind Sie ordinär! Iiiiiiih."
In die gleiche wortspielerische Richtung ging der von mir lange Zeit gehegte Wunsch, Reporter für die Tagesschau in Norditalien zu werden, um eine längere Dauer bis zu einem bestimmten Ereignis so zu umschreiben: „Bis dahin muss aber noch viel Wasser den Po hinunterfließen."

Pobacken

Podex: lateinisch für *Hintern* oder *Furzer* zu *pedere, furzen*

Poperl

Po-Ebene → *Po*

Pöter → *Podex*

Pöker, Pöks: Kindersprache

Pörschel
Popo: im 17. Jahrhundert aus der Kindersprache für → *Podex* eingebürgerte Ableitung
Popöchen
Poquadrat
Poritz
Posteriora: vom lateinischen *posterius*, das Hintere
Protzkasten
Puhl
Pudding
Puparsch: ursprünglich eine Verstärkung von *Arsch*, inzwischen eher eine Abschwächung

Q

Quabbelpudding

R

Rectum → *Rektum*
Regio glutea und *Regio glutealis*: anatomischer Ausdruck
Rektum: Das lateinische *rectum* bedeutet eigentlich *Mastdarm* und ist ohne Hilfsmittel oder Operation unsichtbar.
Riemenrundung
Rückspiegel
Rundungen
Ruscheldups: Der ostpreußische Ausdruck, bei dem das *sch*

stimmhaft wie das *j* im französischen *journal* gesprochen wird, bezeichnet eine Person, die kein Sitzfleisch hat und ständig auf ihrem *Arsch* unruhig herumrutscht.

S

Saftarsch
Scheißtrommel
Schinken
Sitzfläche
Sitzfleisch
Sitzleder
Sitzling
Speck
Speckseite
Specksteiß
Spiegel
Steiß
Steißbein
Stern
Sterz

T

Toches oder Tokus: vom Jiddischen *tokhes* und dem hebräischen *taḥath* für *unter*, um 1910 in die Umgangssprache eingegangen

U

Unaussprechliche, der

V

verlängerter Rücken
verlängertes Rückgrat
Vier Buchstaben: Kommt vor in der bildungssprachlichen Aufforderung, sich auf dieselben zu setzen, eine naheliegende Erklärung ist die, dass es sich um die von → *Popo* handelt. Aber vielleicht waren ursprünglich auch die vier „Buchen staben" der Stuhlbeine aus Buchenholz gemeint.

W

Wackelpeter
Wackelpudding
Windmacher
Wohlstandshügel
Wonnegebirge
„Wo der Rücken seinen anständigen Namen verliert."

Z

Zitterpudding
Zwieback

Zwei Berge: Ein Kindervers beschreibt die Situation:
„Zwischen zwei Bergen brummt ein Bär,
wenn er rauskommt, stinkt er sehr."
Zwei Brötchen

Das *Lecken im* und *am Arsch*

Das erste moderne Theater Deutschlands trug den inzwischen sonderbar erscheinenden Namen Kochscher Gesellschaftsbund, gelegen in der Berliner Behrenstraße 55/57, wo sich heute die Komische Oper befindet. Dort wurde am 14. April 1774 das erste Theaterstück eines gerade mal 25 Jahre jungen unbekannten Anwaltspraktikanten uraufgeführt. Der Titelheld war ein Geächteter. Als er in seiner eigenen Burg belagert wurde und aufgeben sollte, sagte er in der berühmtesten Stelle des Stücks:

„Mich ergeben! Auf Gnad und Ungnad! Mit wem redet Ihr! Bin ich ein Räuber! Sag deinem Hauptmann: Vor Ihro Kaiserliche Majestät hab ich, wie immer, schuldigen Respekt. Er aber, sag's ihm, er kann mich im Arsche lecken!"

Das Theaterereignis machte seinen Verfasser schlagartig berühmt und er ist bis heute der bekannteste deutsche Dichter. Das Stück „Götz von Berlichingen mit der eisernen Hand" wurde zum Gründungsdokument einer ganzen literarischen

Epoche, dem Sturm und Drang, sein Autor Johann Wolfgang von Goethe gar zum größten Dichter deutscher Nation. Wem die Aufforderung zur oralen Körperreinigung zu vulgär ist, kann sie seitdem mit „Götz von Berlichingen“ hochliterarisch umschreiben: „Sie können mich mal Götz von Berlichingen!“ Ein anderer durch Goethe möglicher Euphemismus ist, nach der Heimat des Götz, der „Schwäbische Gruß“.

Erfunden allerdings hat Goethe das *Lecken am Arsche* nicht. Eher sind damit heidnische Bräuche wörtlich bis in die Gegenwart gekommen, denn die Aufforderung zum *Arschlecken* stammt wohl von einem alten Nacktheits- und Abwehrzauber gegen Schwarze Magie, Dämonen, Hexen oder persönliche Feinde. Zeigte man diesen Wesen oder Menschen sein nacktes Gesäß, glaubte man sich gegen ihre feindlichen Taten und Flüche gefeit. Der schon im Alten Testament der Bibel beschriebene Huldigungskuss der Füße als Geste der Unterwürfigkeit fand so seine rektal modernisierte Form.

Glaubt man dem Protokoll des Bamberger Stadtgerichts von 1454, dann sagte schon über drei Jahrhunderte vor Goethe die Gärtnersfrau Agnes Schwanfelder einem Geistlichen, er könne sie „am Arse lecken“, und versprach dem Gottesmann, sie werde ihm auf die „Platten scheißen“, dass die „Brühe über die Backen in sein Maul rinne“.

Auch der „Abenteuerliche Simplicissimus Teutsch“ von Hans Jakob Christoffel von Grimmelshausen, erschienen 1668, erlebt, wie sich Bauern an einem Soldaten rächen, der sie ausgeplündert hat. In einem Fass lebendig begraben ist der Ärmste, Ohren und Nase sind ihm abgeschnitten. Als ihn seine Kumpane freigraben, ruft er noch aus der Erde die rätselhaften Worte: „Es lebt noch manch redlicher Kerl, durch welche eure Unmenschlichkeit dermaßen vergolten werden soll, daß euch keiner von euren Nebenmenschen mehr den Hintern lecken dürfe." Die Erklärung liefert der Erniedrigte nach: Die Bauern hatten ihn „zuvor aber gezwungen, daß er ihrer fünfen den Hintern lecken müssen".

Bald fallen die Bauern der Soldateska in die Hände, nun soll jeder der feucht gereinigten Bauern zur Strafe gleich zehn Soldatenhintern abschlabbern und dazu sagen: „Hiermit lösche ich wieder aus, und wische ab die Schand, die sich die Soldaten einbilden empfangen zu haben, als uns ein Bärnhäuter hinten leckte."

Doch nicht nur literarische Denkmale wurden dem Schlecken am Gesäß gesetzt, sondern auch musikalische. Wolfgang Amadeus Mozart schrieb 1782 den Kanon „Leck mich im Arsch" (Köchel-Verzeichnis 231). Dagegen stammt der Kanon „Leck mir den Arsch fein recht schön sauber" (Köchel-Verzeichnis 382d) nicht von Mozart, sondern von Wenzel Trnka von Krzowitz.

In dem Roman „Der Tanz des Dschingis Cohn" beschreibt der französisch-jüdische Pilot und Schriftsteller Romain Gary 1970, wie der Titelheld Cohn seinem Peiniger, dem SS-Mann Schatz, den nackten Hintern mit der Aufforderung entgegenstreckt: „Kisch mir in toches!" Zwar kann er seine

Ermordung damit nicht abwenden, aber er nistet sich mit dieser Tat in Schatz' Psyche ein und peinigt den Nazi-Verbrecher so in dessen weiterer Laufbahn als Polizist.
Der schwäbische Heimatforscher Heinz-Eugen Schramm glaubte, dass sogar ein späterer Bundespräsident sich öffentlich zu Götz von Berlichingen und seiner populären Forderung geäußert hat. Denn bis zu seiner Zerstörung im Dezember 1944 gab es in der Heilbronner Altstadt an Berlichingens Haus eine Tafel mit einem Gedicht, angeblich vom jungen Theodor Heuss:

„Unser großer Landsmann Götz
sprach: jetzt geht die Sache letz,
aber – eh ich soll verrecken,
könnt ihr mich am Arsche lecken.
Goethe hört dies große Wort,
gibt ihm einen Dichterhort,
und er schafft mit dieser Tat
Deutschlands häufigstes Zitat."

Es gibt noch eine zweite Bedeutung der Redewendung, nämlich *Das glaube ich nicht!* Der Zeichner Matthias Sodtke hat sie in seinem berühmtesten Cartoon verwendet, in der ein schlecht rasierter Herr eine etwas feinere Dame in diesem Sinne mit dem Satz pikiert: „Ja, leck mich doch am Arsch! Is das nicht meine alte Benimmlehrerin?"

Der *Berserker*

Von einem Menschen, der es gut mit mir meint, konnte ich mir einmal in Bezug auf meinen Fahrradfahrstil anhören: „Du fährst wie ein Berserker!" Da ich zu jeder Zeit alle Regeln der Straßenverkehrsordnung beachte und als Fahrrad-Guide die Verantwortung für Radler aus aller Welt trage, wies ich diese Beschimpfung entschieden zurück. Denn Berserker sind im Allgemeinen wütende, rücksichtslose Menschen, sie sind rasend und zerstörerisch. Wütet jemand wie ein Berserker, dann zerschlägt er Geschirr oder Gesichter, weder beruhigende Worte noch Gesten können seine Raserei beenden. Als Radfahrer ist ein Berserker ein Kampfradler der übelsten Sorte, der auf dem Bürgersteig Senioren und Kinder überfährt. Das Wort stammt aus dem Altnordischen und setzt sich zusammen aus *berr*, also *Bär*, und *serkr*, das heißt *Gewand*. Berserker waren also Menschen im Bärengewand, wie Gegenentwürfe zu Wölfen im Schafspelz und noch gefährlicher. Mutmaßlich waren die ersten Berserker an steinzeitlichen Maskenkulten beteiligt und imitierten die grausigsten Geschöpfe der Nordländer: Bär, Wolf und Keiler. In den Sagen und Filmen von Werwölfen leben sie bis heute fort. Niemand geringeres als Odin selber hat, glaubt man der isländischen Ynglingsaga von 1230, die ersten Berserker kommandiert:

‚Odins Männer gingen ohne Rüstungen und waren toll wie Hunde oder Wölfe, bissen in die Schilde und waren stark wie

Bären oder Stiere; sie töteten die Männer, aber weder Feuer noch Eisen konnte ihnen schaden. Das heißt Berserkergang."

Die im Rausch kämpfenden Menschen bei germanischen Stämmen, die keine Schmerzen und Wunden wahrnahmen, wurden schon in der römischen Kaiserzeit erwähnt. Im Mittelalter taucht der Berserker in skandinavischen Quellen auf, so besang sie Þorbjörn Hornklofi Ende des 9. Jahrhunderts im heutigen Norwegen:

„Da brüllten die Berserker –
los brach die Fehde –
Wolfspelze wild heulend
Wurfspeere schwenkten."

Das Wort *berserkr* wurde im 12. Jahrhundert allgemein gebräuchlich. Es bezeichnete aber nicht nur Elitekrieger, sondern es konnte auch für gefährliche Verbrecher oder für Epileptiker stehen. Denn Thorier beklagt sich bei seinem Bruder Thorsteinn: „Über mich kommt der Berserkergang immer gerade dann, wenn ich es am wenigsten will, und ich wünschte, Bruder, du tätest etwas dagegen."

Mit dem Christentum verschwanden die Berserker, nicht immer ganz freiwillig, denn im isländischen Christenrecht von 1122 musste es noch verboten werden, sich in Berserkerwut zu versetzen. Seitdem ist der Berserker sprichwörtlich für seinen wilden und unbändigen Zorn. Anfang des 19. Jahr-

hunderts glaubte der schwedische Kulturhistoriker Samuel Lorentz Ödmann (1750-1829), dieser mentale Ausnahmezustand sei durch Drogengenuss, insbesondere durch Essen von Fliegenpilz hervorgerufen worden.
Seit ein Auto mir Fahrradfahrer die Vorfahrt nahm und ich nur mit Glück mit leichten Verletzungen davonkam, fahre ich mit Helm und noch vorausschauender als bisher. Obwohl mich die Blindheit der Autofahrer, sei sie durch Drogen, Alkohol oder Alter verursacht, mit Berserkerwut erfüllen müsste.

Der *geile Bock*

Abgeleitet vom Schaf- oder Ziegenbock, ist *Bock* ein Schimpfwort für einen lüsternen Mann. So wurde Joseph Goebbels wegen seiner Affären mit Filmschauspielerinnen sowie seines Klumpfußes als „Bock von Babelsberg" verspottet.
Ein *geiler Bock* ist ein triebgesteuerter und taktloser Senior, der in jungen Menschen ausschließlich Sexualobjekte für seine Lust sieht. Nur in dieser Zusammensetzung und im Wort *aufgeilen*, dafür, dass man jemanden oder sich selbst sexuell erregt, hat das Adjektiv *geil*, Norddeutsch *goil*, heute noch eine negative Bedeutung.
Ähnlich ist auch das englische *gay* aufgestiegen, ursprünglich *lustig*, dann *schwul* als Beschimpfung, ist es inzwischen als *gay pride* stolze Selbstbeschreibung.

Denn seit den frühen 1980er Jahren wird *geil* kaum noch zur Beschimpfung, aber dafür um so häufiger als Synonym für *sehr gut*, *großartig*, *beeindruckend*, *klasse* oder *toll* benutzt. Ein *geiler Typ* ist seitdem durchaus auch sexuell attraktiv. Das wurde von der Reklamewirtschaft seit 2002 auf unehrliche und unappetitliche Weise genutzt: „Geiz ist geil!"

Man könnte meinen, *geil* müsste, wie *Karacho* (siehe dort!), ein Beispiel für ein Wort sein, das von einer verpönten Bedeutung zu einer positiven aufgestiegen ist. Aber die Wahrheit ist komplizierter, denn man kann das Wort auf das indoeuropäische *ghoilos* zurückführen, was ausgelassen und lustig bedeutete, aber auch aufschäumend und heftig. Aus den romanischen Sprachen sind die Ableitungen *gala* und *galant* wieder ins Deutsche zurückgewandert.

Erst im Althochdeutschen seit dem 8. Jahrhundert bekommt *geil* als Adjektiv für *übermütig* und *überheblich* einen anderen Beigeschmack. Aber nur vorübergehend, denn seit dem 12. Jahrhundert wird *geil* im Mittelhochdeutschen für *kraftvoll*, *üppig*, *lustig* und *mutwillig* gebraucht. Ausführlich kann man die Wortgeschichte bis ins 19. Jahrhundert im „Deutschen Wörterbuch" der Brüder Grimm von 1897 nachlesen.

Ein Neujahrswunsch von 1355 lautete: „So geb dir Got Gelück und Hail und bewar dir dein Leben gail." Verwandte Bedeutungen waren *jung*, *naturfrisch*, *von frischem Lebensmut* und *aus strotzender Kraftfülle*. So erklären sich auch die vandalischen und althochdeutschen Namen Gailo, Galo und Gelo für Männer sowie Gaila für Frauen. Für

betrunken wurde das Wort ebenfalls benutzt, es gab vor dem Fasten den geilen Montag, wie unseren blauen. Aus Tübingen ist im 19. Jahrhundert die Bedeutung *überfroh* nachgewiesen, ein Mädchen, das der Tanzherr beim Ball zur Mutter zurückbrachte, sagte: „Ach Mutter, ich bin so geil!"
Eduard Mörike dichtete über „Den alten Thurmhahn":

„Wenn man mich etwas putzen wollt,
Nicht, dass es drum viel kosten sollt,
Ich stuend so gut dort als wie der
Und machet niemand nicht Unehr!
- Narr! denk ich wieder, du hast dein Teil!
Willst du noch jetzo werden geil?"

In Martin Luthers Bibel heißt es 1545: „Darumb das jr euch des frewet vnd rhümet das jr mein Erbteil geplündert habt vnd lecket wie die geilen Kelber vnd wiehert wie die starcken Geule."
Seit dem 15. Jahrhundert bekam das Wort noch den anderen Sinn von *lüstern*, *wollüstig* und *sexuell erregt* im Sinne der modernen Geilheit. So berichten die „Büdinger Hexenacten" von 1558, „als etliche Weiber und Medlin hinaus ins Felt zugrasen gangen und wider zu Haus keren wollen, haben sich die jungen Meydlin mitteinander wie ir Prauch ist gegeylert und eins das ander uf die Erden geworfen, die Brust besehen wollen."
Luther schrieb: „Junge Witwen, wenn sie geil und fürwitz

worden sind, daß sie das Futter sticht, so wollen sie freyen." Ein Ehebrecher bei Burcard Waldis (1490-1556) wurde mit *Heseln*, also Haselruten-Sud kuriert: „drumb muß man dich also einschreiben, mit Heseln Saft den Geil vertreiben." Zum selben Thema dichtete er:

„Als im Glenz und im Meyen grün
ein Mann wardt so gar frech und kün,
des Geyls und Kutzels also voll
und nam zwei Weiber auf ein mal"

Vermutlich vom *Geil* als Sitz der Kraftfülle wurde im 16. Jahrhundert das Wort als Substantiv für Hoden benutzt, so heißt es bei Waldis über den Biber:

„Sein Hoden sein zur Medicin
für Pestilenz und all Venin,
dieselben nennt man Bibergeyl
und hats in Apotecken feyl."

Noch heute heißt das Sekret aus den Geildrüsen oder auch Geilsäcken des Bibers *Bibergeil* und wird in der Homöopathie verwendet. In der Weidmannssprache sind *die Geilen* die Hoden des Hirsches, *die Geilin* ist die Vulva einer Stute und die *Geburtsgeilen* sind die Eierstöcke. Vom Hoden abgeleitet bedeutete *geilen* auch *kastrieren oder entmannen*, so schrieb Luther über einen unglücklichen Affen:

„aber es gehet im, wie im Buch der Weisen stehet, da er (also der Affe) einen Bawrn hatte sehen ein groß Holz spalten, gehet er hin und setzt sich auch reitlings drauf und spaltet mit der Axt. Er hatte aber kein Badhembd an und die Geilen fielen im in die spalten, und vergisset einen Keil ein zu schlahen. So zeucht er die Axt aus, klemmt und zuquitscht die Geilen, das er sein lebtag ein Ongeil oder Eunuchus bleiben mußte."

Luther erwähnte in einem seiner unvergesslichen Tischgespräche eine diesbezügliche Selbsthilfe: „Da sie die Unzucht und Brunst so plagte, haben sich selbs mit Gewalt gegeilet." Ab dem 17. Jahrhundert wurde *geil* kaum noch für *fröhlich* gebraucht, wogegen die Bedeutung *gierig nach Geschlechtslust, unverschämt, unkeusch* oder *brünstig* im 18. Jahrhundert ihren Höhepunkt erreichte. Samuel von Butschky schrieb 1676 von der Gerechtigkeit, „welche durch Veränderung das gar zu geile und stolze Glück castriret und demütiget". Und Johann Christian Günther dichtete 1718: „Wenn ohngefehr ein Wort, das Blut und Nier durchdringet, Ein weiches Hasenfleisch zur Auferstehung bringet. Da heists ein geiler Scherz, der Christen nicht geziemt." An anderer Stelle schrieb er: „... das Unglück riß mich fort, und meinem Dichterrohre vergieng der geile Klang, wie mir der holde Muth. Ich sang und spielte zwar, doch nichts als Klagelieder." Gottsched wetterte im 18. Jahrhundert gegen erotische Kollegen, die „in die Fußtapfen der geilen Italiener getreten, die

ihrer Feder so wenig als ihren Begierden ein Maß zu setzen wissen".
Der junge Schiller benutzte das Wort in „Die Räuber" 1781 schon als ziemlichen Kraftausdruck: „... wenn er dem geilen Kitzel eines Augenblicks zehn Jahre Eures Lebens aufopfert."
Für Johann Christoph Adelung (1732-1806) war *geil* „ein harter Ausdruck, der so widrig ist als die Sache selbst, daher man ihn auch nur gebraucht, wenn man von dieser Gemüthsverfassung mit Nachdruck zu reden genöthiget ist".
Fruchtbar oder *üppig* meinte Goethe, als er Jacobi schrieb: „Bald wird dein Grabmahl bedeckt werden, und das Gras geil auf Deinem Grabe emporwachsen." Beim Nationaldichter finden sich auch die „geilen Grazien", und in Bezug auf Menschen meinte er: „... wo Faulheit der Gärtner sie geil aufschießen läßt (die früchte in unsern Schulen, die doch Pflanzgärten sein sollten!)."
Im Lauf der Jahrhunderte tauchte das Wort in den verschiedensten Zusammenhängen auf, unter anderem hieß das Verb *geilen*: *verspotten, unverschämt betteln, bitten, faseln, lügen, ohne eigne Arbeit von Andern leben, spielen, düngen, üppig aufschießen, heftig begehren* und *verlangen*.
Geile konnte sowohl eine Krankheit der Singvögel sein als auch ein Fischernetz. Im Mittelniederdeutschen bedeutete es *zügellos* oder *gierig*, wenn vom „geilen Hals einer Trinkerin" geschrieben wurde. Im Mittelhochdeutschen war *hirngeil* nichts anderes als *tobsüchtig*.

Über die indianischen Feigen erfährt man 1701 in Wolff Helmhard von Hohbergs „Georgica Curiosa“: „Die Frucht vergleichet sich fast den Feigen, ist inwendig Blutroth und einer gailen Süsse; wer deren isset dem wird der Urin davon Blutroth.“ Es hieß auch vom Bock, er rieche oder stinke *geil*. Vermutlich ungefähr so wie ein *geiler Bock*.
Jedenfalls hieß *geil* in den germanischen Sprachen *froh, fröhlich, schön*, und die Jugend der 1980er Jahre ist, bewusst oder unbewusst, zu dieser Bedeutung zurückgekehrt.

Der *Bonze*

Wenn man deutlich machen will, wie sehr sich jemand von seinen Idealen entfernt hat oder wie sehr er dem Establishment angehört, dann bezeichnet man ihn, fast nie eine Frau, als *Bonzen*.
So war Wandlitz in der DDR eine „Bonzensiedlung“ und ihr Laden ein „Bonzen-Konsum“. Die Behauptung, die DDR-Führung sei gleich unter Gleichen, war mit der Wahrheit über das Quartier widerlegt. Aus heutiger Sicht muten die Eigenheime von Honecker, Mielke, Sindermann und Hager bescheiden an.
Adolf Josef Storfer hat in seinem Buch „Wörter und ihre Schicksale“ 1935 die Geschichte des Wortes ausführlich nacherzählt. Eigentlich ist *Bonze* japanisch für einen buddhistischen Mönch oder Priester ohne schimpfliche Bedeutung.

Die Portugiesen brachten das Wort im 16. Jahrhundert ins Abendland.
Als *bonzii* findet es sich 1552 bei Francisco de Xavier, dem Heiligen Franz Xaver, und als *bonze* 1688 in dem Buch „Nouvelle relation de la Chine" des Missionars Gabriel de Magalhães, im Deutschen waren es der *Bonzier* oder die Mehrzahl *Bonzy*. In Hübners „Realem Staats-Zeitungs- und Conversations-Lexicon" von 1732 werden sie beschrieben: „Bonziers heissen in China die Pfaffen, welche sich selbst auf allerhand Art martern, um die Sünden derer zu büssen, die ihnen dafür Geld geben." An dieser Definition erkennt man einen Bedeutungswandel: Aberglauben, Fanatismus und übertriebene Religiosität werden kritisiert.
Wieland führte das Wort als Schimpfwort für scheinheilige Priester, egal welcher Religion, ein. 1775 schrieb er:

„Dieses unscheinbaren Auszugs ungeachtet, hatte der Mann etwas in seiner Gesichtsbildung und Miene, das mich für ihn einnahm, und überdies schien er zu einem Orden zu gehören, dessen Bestimmung in meinen Augen so ehrwürdig ist, dass ich dem geringsten Mitglied desselben (insofern er kein Bonze ist) mit ebensoviel Ehrerbietung zu begegnen gewohnt bin, als ob es der Erzbischof zu York oder der Kardinalvikarius wäre."

Er unterschied 1782: „Diese Seelsorge macht den großen Unterschied zwischen ächten christlichen Pfarrherrn und den Sacrificulis, Pfaffen, Bonzen, Fakirn, Lamas, Fufus und Kakafus unsrer und aller Religionen der Welt.“

Mit der Aufklärung kamen auch die Beschimpfungen *Bonzenwesen*, *Bonzengift* und *Bonzerei* in Mode, noch Johannes Scherr bezeichnete kirchliche Intrigen Ende des 19. Jahrhunderts als *Bonzengegrunze*.

Aber bis dahin hatte sich der Begriff schon längst aus dem Kirchlichen ins Weltliche verlagert. Vorgesetzte und hochgestellte Persönlichkeiten in Staat und Gesellschaft werden seitdem bis heute als *Bonzen* herabgewürdigt.

Ab den 1920er Jahren begannen Arbeiter, ihre Vertreter in Verwaltung und Gewerkschaften so zu nennen, um auszudrücken, dass diese sich von ihnen entfremdet hätten und eher dem Bürgertum angehörten. Kein Wunder, dass die Gegner der Arbeiterbewegung das Schimpfwort wiederum zur Diskreditierung der Arbeiterparteien benutzten. Kurt Tucholsky dichtete 1923 „An einen Bonzen“:

„Einmal waren wir beide gleich.
Beide: Proleten im deutschen Kaiserreich.
Heute ist das alles vergangen.
Man kann nur durchs Vorzimmer zu dir gelangen.
Du rauchst nach Tisch die dicken Zigarren,
du lachst über Straßenhetzer und Narren.
Weißt nichts mehr von alten Kameraden,
wirst aber überall eingeladen.
Du zuckst die Achseln beim Hennessy

und vertrittst die deutsche Sozialdemokratie.
Du hast mit der Welt deinen Frieden gemacht.
Hörst du nicht manchmal in dunkler Nacht
eine leise Stimme, die mahnend spricht:
Genosse, schämst du dich nicht –?“

Auch Hans Fallada meinte in seinem Roman ‚Bauern, Bomben, Bonzen“ sozialdemokratische Verwaltungsbeamte. Im gleichen Sinn wurden in den folgenden Jahrzehnten Funktionäre von NSDAP und SED beschimpft. Mit der Machtergreifung der Nazis 1933 wurde „umgebonzt“, also *Bonzen* der alten Richtung durch solche der NSDAP ersetzt, statt Demokratie gab es „Bonzokratie“.
Nazi-, SED-, Stasi-Bonzen oder heute SPD-, CDU- und Grünen-Bonzen stehen für die Unterscheidung derer „da oben“ im Gegensatz zu uns „hier unten“. Pelze, teure Autos und Luxus aller Art verstärken diese Gefühle. Wie gerecht dieses Vokabular in einer parlamentarischen Demokratie ist, sei dahingestellt.

Caramba, Karacho, Galopp

So wie manchmal Wörter mit harmlosen Bedeutungen zu Schimpfwörtern hinabsinken, können auch derbe Flüche mit der Zeit oder durch die Reise in fremde Länder und Kontinente zu sittsamen Wörtern aufsteigen. Ein Beispiel für einen solchen Emporkömmling ist Karacho.

Im baden-württembergischen Cleebronn wurde im Sommer 2013 die Katapult-Achterbahn Karacho eröffnet. Den Namen hatte die Betreiberfamilie aus 1.300 Vorschlägen ausgesucht, weil er für Geschwindigkeit und pure Emotion steht. Wenn man in Deutschland etwas *mit Karacho* tut, setzt man sich schnell, mit voller Kraft, mit Schmackes ein oder beeilt sich besonders. Karacho ist Geschwindigkeit, Tempo, Speed oder wenn man einen ganz schönen Zahn draufhat.

Unbestritten ist die Herkunft aus dem Spanischen vom Wort *carajo*, das allerdings mit Schnelligkeit nichts zu tun hat. *Carajo* ist eine wenig feine Bezeichnung für *Penis*, als Ausruf wird das Wort im Spanischen benutzt wie im Deutschen „Scheiße!", „Verdammt!", „Donnerwetter!", „Mensch!" oder „Ey!"

Im 19. Jahrhundert verwendeten auch Karl May, Friedrich Gerstäcker und der „deutsche Jules Verne" Robert Kraft das Wort *caracho* immer dann, wenn sie Lateinamerikaner fluchen ließen. 1909 schrieb Erwin Rosen in seinen Erinnerungen „In der Fremdenlegion":

„Was dem englischen Soldaten das zeitgeheiligte Adjektiv *bloody*, dem amerikanischen Regulären sein nicht minder kostbares *damned* und dem mexikanischen Kavalleristen das bösartige, zischende *caracho* ist, das bedeutet dem Legionär sein unvermeidliches *merde*."

Nach Meyer-Lübkes „Romanischem etymologischen Wörterbuch“ leitet *carajo* sich von *caraculum, kleiner Pfahl*, ab, im Katalanischen *carall*, auch das davon umgestaltete *caramba* bedeutet *Schwanz* und wird als Ausruf wie *carajo* benutzt. Wie aber konnte der *Schwanz* zur deutschen Geschwindigkeit werden? Die erste Vermutung richtet sich häufig auf einen Hit von Heino aus dem Jahr 1969:

„Karamba, Karacho ein Whisky,
Karamba, Karacho ein Gin,
verflucht, sacramento, Dolores,
und alles ist wieder hin.“

In dem Schlager ist von Geschwindigkeit keine Spur, *Karacho* wird von Heino und seinem Dichter Wolfgang Neukirchner genauso als Fluch gebraucht wie beispielsweise von Joachim Ringelnatz oder ein Jahrhundert vorher von Karl May. Ähnlich ist es in dem deutschen Volkslied „In Spanien“, das in vielen Varianten auch mit *Karacho* bekannt ist, wieder geht es um eine Dolores, vermutlich ist die von Heino eine Wiedergängerin:

„In Spanien, es war in Lenares,
da sah ich ein Weib wunderbares,
ich schaute ihr in die Pupillas
und wir gingen in eine Hostillas.“

Der Refrain der Ballade lautet:

„Caramba, Karacho, Carutschi,
die schönen Zeiten sind futschi."
Das Paar kommt bald zur Sache:

„Wir gingen zu Tante Estrella,
die hat' einen sturmfreien Keller,
sie warf sich aufs Kanaparero
und rief: Auf in den Kampf, Torero!"

Die nach neun Monaten erfolgende Geburt der Frucht dieses Abenteuers und die juristisch geforderten Alimente geben dem Sänger zu einer Warnung Anlass:

„Drum hört einmal zu ihr Senores,
alle Weiber sind wie Dolores,
ihr Männer von der Republiko,
laßt die Finger vom weiblichen Trikot."

Die unmenschlichste Verwendung des Wortes finden wir zwischen 1937 und 1945, als SS-Wärter im KZ Buchenwald die Deportierten über den „Caracho-Weg" vom Bahnhof ins Lager jagten. Hier geht es um die uns bekannte Bedeutung: *schnell*. Die Lagerleitung hat die Blutstraße nach dem Klagelied eines unbekannten Häftlings eines anderen KZs, dem von Sachsenhausen, benannt. Es geht in dem „Lied vom Heiligen Caracho“ um den wenig sympathischen Heiligen, der in Sachsenhausen mit Geschrei und Hetze herrschte:

„Des Morgens, wenn es viere schlägt,
jumheidi, jumheida,
sich lustig schon Caracho regt,
jumheidi, heida.
Ihr Kerle, seid ihr noch nicht munter?
Kommt die Fliegerdeckung runter?“

Ob Zähneputzen, Essen, Waschen, Arbeiten, alles muss in Eile erfolgen. Anlass des Liedes ist der angeordnete Laufschritt:

„Nur im stillen ich mich frag:
jumheidi, jumheida,
warum bringt den Entlassungstag,
jumheidi, heida,
Caracho uns nicht bald in Sicht?
Kann er nicht - oder will er nicht?
Jumheidi... ach, lieber heil‘ger Caracho!
Jumheidi, jumheida.
hör meines Herzens Ach und Oh,
jumheidi, heida,
und bring im Laufschritt uns herbei
den Tag, an dem wir wieder frei!“

Immer noch ist unklar, wie es zum Bedeutungswandel vom Fluch zu *Geschwindigkeit* kommen konnte. Eine Vermutung hat mit Autorennen zu tun. Fritz Rudolf Fries schrieb in seinem Roman „Der Weg nach Oobliadooh“ 1966: „Mann ..., wär‘ ich gern Rennfahrer geworden, so mit Karacho über die Avus“, und tatsächlich verbinden viele *Karacho* mit dem Namen des erfolgreichsten deutschen Rennfahrers der Vorkriegszeit: Rudolf Caracciola, der „Karratsch“ genannt wurde. Aber so rasant diese Erklärung wäre, es ist nichts an ihr dran. In der „Weltbühne“ klagte Carl von Ossietzky 1928 über die Reisegesellschaften, „die im Caracho von Berlin nach Ägypten sausen und die Pyramiden unterschlagen, wenn grade Regenwetter ist.“ Und im „Tage-Buch“ schrieb der spätere Friedensnobelpreisträger 1924 eine Abhandlung zum „edlen Kegelsport“, bei dem sich rhythmisch geschwungen ein bewusster Idealismus auslebe:

„Wenn die Kugel mit Caracho und Caramba über die krachende Bohlenbahn saust, dann jauchzen nicht nur alle Muskeln, auch die geweitete Seele fühlt sich gepackt und hineingerissen in ein Tempo übernatürlicher Raserei.“

Doch auch das ist noch nicht der früheste Beleg für die Benutzung in unserem heutigen Sinne, denn deutsche Kavalleristen im ersten Weltkrieg verwendeten *Karacho* schon als Synonym für *Galopp*. Der „Rote Baron“ Manfred von Richthofen berichtete von Erlebnissen ganz zu Anfang des

ersten Weltkrieges im August 1914 in „Wie ich auf Patrouille zum erstenmal die Kugeln pfeifen hörte“:
„Meine Patrouille, die ich zurückgelassen hatte, glaubte mich in Gefahr und kam in wildem Caracho herangebraust, um mich herauszuhauen.“
Aber auch schon vorher findet man Nachweise, Freiherr von Schlicht verwendete das Wort in unserem Sinn schon 1905 in einer seiner Militärhumoresken:

„Die Erde erdröhnt unter dem Hufschlag der galoppierenden Pferde, über Gräben und Hecken geht der wilde Ritt, und die scharfen Sporen treiben zu immer schärferer Gangart an. Der wahnsinnige Galopp, den die Herren reiten, scheint ungemein wichtiges anzukündigen. Die Kommandeure können ihre Ungeduld nicht mehr bezähmen, sie rufen ihren Unterführern zu: *Bitte mir zu folgen, meine Herren,* und im caracho jagen sie ihren Adjutanten entgegen.“

Aber wieso konnten Reiter auf die Idee kommen, anstatt von *Galopp* von *caracho* oder *Karacho* zu sprechen und zu schreiben?
Vermutlich begann die Karriere des deutschen *Karacho* als Verballhornung der Bezeichnung *in voller Karriere*. Das war der schnelle Lauf des Pferdes, eine Übersetzung aus dem französischen *en pleine carrière*. Dass sich *Karracho* im frühen 20. Jahrhundert leicht vom Pferde- auf den Motorsport übertrug, hat mit seinem Klang zu tun, der an „Krach“ erinnert.

Thomas Mann sagte *„ficken“*

Ein einziges Mal wagte die Sekretärin von Thomas Mann Kritik: das Wort *Fickfackerei* in der Erzählung „Der Erwählte“ sei etwas drastisch. Aber dies sei ein altes Lutherwort, verteidigte sich der Literaturnobelpreisträger. Die anwesende „Frau Thomas Mann“, Katia, verstand gar nichts und ihr Gatte half:

„Sie denkt an das Wort ficken.“

„Ficken?“, fragte Katia, „Habe ich noch nie gehört, was bedeutet das denn?“ Thomas Mann klärte die Mutter seiner sechs Kinder auf:

„Ficken, das bedeutet, sexuellen Verkehr zu haben.“ Immerhin milderte Mann die Formulierung zur „Fickfackerei des Herzens“ ab.

Die Bedeutung des Wortes *Fickfackerei* ist die von Betrug, Unfug, Täuschung oder Intrige wie auch im schwedischen *fickfack*, allerdings findet man das Wort bei Luther nicht. Aber immerhin heißt es bei Gottfried August Bürger (1747-1794):

„Drauf machte Jacob sich ans Thor:
Marsch, packe dich zum Teufel!
Was schrie Frau Schnips ihm laut ins Ohr,
Fickfacker! Ich zum Teufel?“

Der *Fickfacker* ist dabei ein Betrüger oder Täuscher.

Fast jeder in Deutschland glaubte 2016, genau zu wissen, wer mit dem *Schafsficker* oder dem *Ziegenficker vom Bosporus* gemeint war. Dabei war es weniger das Schmähgedicht des Satirikers Jan Böhmermann selbst, als vielmehr Angela Merkel sowie dem türkischen Staatschef Erdogan und seinen Anwälten zu verdanken, dass die je nach Sichtweise gelungene oder geschmacklose Satire zur Staatsaffäre aufgebläht wurde. In den Niederlanden werden mit *Geitenneukers*, deutsch *Ziegenficker*, mindestens seit den 1960er Jahren bis heute Moslems beschimpft. Theo van Gogh provozierte einen von ihnen damit so sehr, dass er 2004 von ihm ermordet wurde. Dabei beschimpfte van Gogh laut und wenig subtil genauso auch heuchlerische, intolerante oder einfach dumme Niederländer. Dass Erdogan seinerzeit den juristischen Weg zur Ahndung von Böhmermanns Beleidigung wählte, ist beruhigend. In früheren Zeiten hätte er womöglich Deutschland den Krieg erklärt.

Das Wort *ficken*, im Sinne von *reiben*, *abreiben* oder *frottieren*, findet sich in Mundart bereits in einem mittelhochdeutschen Epos um 1320. Im Neuhochdeutschen ist es häufiger in der Bedeutung *kratzen*, *reiben*, *jucken* sowie *hin und her rutschen* zu finden. Wenn man ein Tier *mit der Rute fickte*, versetzte man ihm einen kurzen Streich. Das *Ficken mit den Augen* war nichts anderes als Zwinkern. *Fickte* jemand *auf dem Stuhl herum*, so rutschte er hin und her. Ein Kleid zu *verficken* hieß, es abzuwetzen. Jeremias Nicolaus Eyring (1739-1803) dichtete:

„Lieb mich nicht anders wie ich dich,
wenn ich dich kreb, so fick du mich."

Gemeint war damit nichts anderes als *Eine Hand wäscht die andere*, genauer: *Kratzt du mich, dann kratz ich dich.* Schon Michael Lindener (1520-1562) bezeugte 1558 in seinem „Rastbüchlein" die obszöne Bedeutung *Geschlechtsverkehr* und vermutlich wurde das Wort schon Jahrhunderte vorher auch in diesem Sinne benutzt. Abgeleitet hat sich das Wort wahrscheinlich von *fegen* für *schön reiben*, *hin- und herfahren* und *wischen*.

Die Frage „Was ist Sodomie?" wurde in der berühmtesten Liebesgeschichte zwischen Mann und Schaf 1972 von Woody Allen beantwortet. In der Lovestory aus dem Film „Was Sie schon immer über Sex wissen wollten, aber bisher nicht zu fragen wagten" verliebt sich ein Arzt unglücklich in das Schaf Daisy und verfällt nach der endgültigen Trennung anstatt dem Suff dem Wollwaschmittel. Woody Allen allerdings wagte sich nicht bis zur Schilderung von Details der Lust des Mannes am Schaf, im Gegensatz zu Böhmermann 2016.

Viele Leser beklagen, dass alle schweinischen Stellen im „Deutschen Wörterbuch" von Jacob und Wilhelm Grimm in Latein verfasst sind. So wird *ficken* mit *futuere* erklärt. Wie unsere Vorfahren wissen auch wir ohne Kenntnisse der Amtssprache des Römischen Reiches, was gemeint ist. Beim Wort *Ficker* heißt es *ictus virgae levis*, was man mit *leichte Rutenschläge* übersetzen kann.

Ficker als vulgäre und verächtliche Bezeichnung wird heute hauptsächlich in drei Bedeutungen verwendet. Erstens für einen Mann, der Geschlechtsverkehr hat, zweitens für einen Mann, dessen Hauptinteresse dem Geschlechtsverkehr gilt, und schließlich drittens für einen jungen Mann, der einer Frau nur als Beischläfer dient.
Peter Handke drehte den Spieß um und wünschte denen, die ihn Faschist nannten: „Die Maus soll Dich ficken!"

Fotze

Eines der gröbsten Schimpfwörter deutscher Sprache, vielleicht sogar das beleidigendste überhaupt, ist *Fotze*, es ist so derb, dass es selbst in einigen Schimpfwörterbüchern unterschlagen wird. Mit der Schreibweise *Votze* wird der vulgäre Charakter betont, weil man damit noch zusätzlich auf den vornehmen Sprachgebrauch verzichtet und optisch auf die Form des weiblichen Organs anspielt.
Im „Schimpflexikon" von Ludwig Kapeller findet man das Wort 1968 lediglich in der Erklärung für *Fose*, womit eine Hure billigster Art bezeichnet wird, was sich vom oberdeutschen *fotz* für Mund sowie dem mittelhochdeutschen *fotze* oder *futze* für *vulva* ableite.
In der DDR erschien im Pappschuber und in echtes Leder gebunden, wegen seiner Feinheit *Froschfotzenleder* genannt, 1977 das Wörterbuch „Verflucht und zugenäht, Schimpfwör-

ter aus unserer lieben Muttersprache“ von Sonja Schnitzler und Werner Hirte, von dem viele Auflagen folgten. Darin finden *Mistficke*, *Pinkel*, *Möse*, *Pupe*, sogar *Pornohengst* und *Pornostute* ihren Platz, aber nicht die *Fotze*. Genauso hält es „Das neue Berliner Schimpfwörter Buch“, das von 1986 an über zehn Jahre immer wieder neu aufgelegt wurde.

Im Nachschlagewerk „Von Aas bis Zimtzicke“ kommen 1994 immerhin *Fott* und *Fötte* als Ausdrücke aus dem Ruhrgebiet vor, was sie aber bedeuten könnten, wird lieber verschwiegen. Dabei ist es ein ehrwürdiges Wort mit einer langen Geschichte, bereits der Heilige Kilian, dessen Schädel man in einem Schrein aus Bergkristall im Würzburger Kiliansdom bewundern kann, soll im 7. Jahrhundert *fotte* und *fotse* für die weibliche Scham verwendet haben.

Das Wort Futteral vom mittellateinischen *fotrale* wurde im Althochdeutschen zu *fuotar*, im Mittelhochdeutschen zu *vuoter* und im Altenglischen zu *födder*. Im Altnordischen finden wir *fuð* für *Scheide*, und davon abgeleitet das Schimpfwort *fuðhundr*, ähnlich dem bayrischen *Hundsfott*, womit erst das Geschlechtsteil der Hündin, später erotische Hundefreunde und noch später gemeine Menschen und Schufte bezeichnet wurden. Mozart benutzte in seinen Briefen die Mehrzahl *Hundsfötter*.

Das Mittelhochdeutsche *vut* bezeichnet nicht nur die Vulva, sondern auch den Hintern. Heute wird noch im Öcher Platt, am linken Niederrhein sowie in Teilen des Rheinlandes und in Westfalen mit *Fott*, *Futt*, *Fuott* oder *Fut* auch das Gesäß bezeichnet.

Verwandte Wörter sind das rotwelsche *Potz*, das kärntnerische *Putze*, das altisländische *púss*, das französische *puss* und die englische *pussy*. Sprachverwandt ist auch das Wort *Puntze* oder *Punze*, mittelhochdeutsch für *Hure*.
Ein *Fotzenstecher*, von *Futzen-* oder *Futtenstecher*, war ein mittelalterlicher Pferdedoktor, der Hengste kastrierte und ihnen so eine *Futze* stach. In der Schweiz lautet die entsprechende Bezeichnung *Futz*. Als *Fotzenknecht* wird ein den Frauen gegenüber sehr unterwürfiger Mann beschimpft. Und will man den Träger eines Henriquatre-Bartes beleidigen, nennt man seine männliche Haarpracht *Fotzenbart*. Gottfried August Bürger (1747-1794) schrieb: „Die beiden Votzen schlafen in dem Bette; und die Schwänze strakeln sich die paar Stunden auf dem Canapee." Herbert Pfeiffer zitiert in seinem „Großen Schimpfwörterbuch" 1996 eine Volksweisheit aus Savoyen: „Das Wetter und die Fotze tun alles dir zum Trotze!" Fast niedlich klingt das Beispiel von Max Frisch 1961 in „Andorra" für den schweizerischen Sprachgebrauch im Sinne von: „Lumpenhunde! Ihr alle! Fötzel! Bis zum letzten Mann. Fötzel!" In der österreichischen Umgangssprache wird, wie in Bayern, *Fotze* auch für *Ohrfeige* benutzt. Gegenüber Frauen angewendet bedeutet es *Schlampe* oder *Hure*.
Im Bayrischen ist die *Fotze* auch der Mund oder bei Tieren die Schnauze sowie besagte *Ohrfeige*. *Jemandem eine fotzen* ist das dazugehörige Verb. So ist folgender Dialog nur in diesem Bundesland möglich:

„Mogst a Fotzn?“
„Ja, wenns schee feicht is!“
Der *Fotzhobel* oder auch *Fotzenhobel* steht für die Mundharmonika oder Maultrommel. Der Kieferorthopäde ist ein *Fotzenspangler*. Auch der Ausdruck *hinterfotzig* für *hinterhältig* ist eine Ableitung von *Mund*, denn es geht um das Herziehen über jemanden hinter dessen Rücken. Dasselbe gilt für *doppelfotzig*, also das Reden *mit gespaltener Zunge*. Vermutlich gibt es keinen Zusammenhang zum weiblichen Geschlechtsorgan.
Die RAF benutzte das Wort gern, um politische Gegner, deren Milieu („kleinbürgerliche votzenhölle“), Justizvollzugsbeamte („gestapo-votzen“), Mediziner („arztvotze“), sich selber („reissende votzen“) oder die internen Auseinandersetzungen („votzenkrieg“) zu bezeichnen.
Beliebige Zusammensetzungen lassen sich damit bilden. In „Krieg. Hirn“ beschimpft Rainald Goetz 1986 eine *verhungerte Germanistenfotze*. *Bärenfotze* war die Bezeichnung für die Winterkopfbedeckung sowohl in der NVA als auch in der Bundeswehr, auch die russischen Schapkas werden so oder mit ihrer Abkürzung *Bäfo* genannt.
Marcel Beyer charakterisiert 1991 in seinem Roman „Flughunde“ SS-Leute „die sich nicht entscheiden können, ob sie Fut mit Doppel-T schreiben sollen, ob Fotze mit V oder F anfängt“.
Kool Savas rappte 2008 vom „Flow der dich Fotzenkind zum kotzen bringt“ und vom Poetry-Slam-Dichter Lasse Sams-

tröm stammt der Reim: „Frag mich nicht, du Fotzenkind, warum ich dich zum Kotzen find!“

Die Verwendung von *Fotze* im Berliner Raum ist nicht eindeutig negativ, sondern ambivalent. Der Journalist Detlef Kuhlbrodt hat sich 1996 damit beschäftigt und fand, dass hier auf Baustellen und in Fabriken häufiger Männer als Frauen so beschimpft werden. Sein Eindruck als dort jobbender Student war eher der eines etwas derben Scherzes unter Kollegen. In der tageszeitung war es der lachlustige Kollege Helmut Höge, der einen Freund mit „Hallo Mildner, du alte Fotze“ begrüßte und sich danach halb totlachte. Eine andere Alltagsbeobachtung von Kuhlbrodt:

„Im Vorortzug zum S-Bahn-Tarif sitzt die Familienbande: Tante, dünn, Mama, dick mit schwarzen Haaren an den Waden, und zwei kleine bunte Cola-Jungs. *Votze, Votze*, ruft Mama manchmal, um die Kinder zu erheitern zwischen Büchsenbierschlucken. Die lachen auch freudig.“

„Na, Ihr Fotzen!“, so begrüßte Michael Stein mit breitem Lächeln seit 1995 nicht nur seine Kollegen von der Reformbühne, sondern auch andere Freunde. Kurz darauf war er Mitbegründer einer Spaßguerilla, die sich *Fotzenblock* nannte und bei Demonstrationen und im Fußballstadion rief: „Wir sind Fotzen! Was seid Ihr?“ Eine Antwort ist nicht überliefert. Eine der Forderungen des *Fotzenblocks* ist inzwischen parteiübergreifend populär geworden: das bedingungslose Grundeinkommen für alle.

Für Stein hatte das Wort keine negative Bedeutung, sondern er mochte, wofür es stand, und benutzte es stets freundlich. Mit der Institutionalisierung als *Fotzenblock* hoffte er, weite Kreise für diese Haltung zu gewinnen. 2007 riss ihn der Tod aus seinem Engagement. Die Rückeroberung und Hebung des Wortes *Fotze* ist überfällig, der Kampf geht weiter.

Schimpfen wie die Fußballweltmeister

Suppenkasper, Gurkentruppe, Mafia, Idioten, letzter Schrott

Wenn große Emotionen im Fußballspiel sind, dann wird nicht nur gemeckert, sondern auch geschimpft, geflucht und geschrien. Der Torwart Uli Stein musste bei der WM 1986 erfahren, dass auch gesunde Lebensmittel, wenn damit Trainer und Mannschaft bezeichnet werden, drakonische Strafen nach sich ziehen können.

Als er die deutsche Nationalmannschaft eine „Gurkentruppe" nannte und den Trainer Beckenbauer einen „Suppenkasper", endete nach sechs Länderspielen seine Laufbahn beim DFB und er musste aus Mexiko zurück nach Deutschland fliegen. Uli Stein war verärgert, weil er seine Chancen schwinden sah, überhaupt einmal anstelle von Torwart Toni Schumacher zum Einsatz zu kommen, und vermutete dahinter

Korruption, waren doch Beckenbauer und Schumacher im Gegensatz zu ihm mit eigenen Verträgen Adidas verpflichtet. Die Stimmung in Mexiko war vergiftet, nicht nur Stein, auch Kapitän Karl-Heinz Rummenigge konnte Schumacher nicht leiden und sprach von der „Kölner Mafia", was der mit „Verleumder" konterte.

Wie dieser zerstrittene Sauhaufen bis ins Endspiel kommen konnte, bleibt ein großes Rätsel der Fußballgeschichte.

Dabei lag Stein mit seiner Beschreibung der deutschen Nationalmannschaft als *Gurkentruppe* gar nicht so weit von der Beckenbauers entfernt, nach dessen Einschätzung handelte es sich bei der von ihm selbst zusammengestellten Nationalmannschaft um „den letzten Schrott". Überhaupt konnte Beckenbauer ebenfalls wie ein Rohrspatz schimpfen, der Journalist Miguel Hirsch aus Mexiko war für ihn ein „geistiger Nichtschwimmer", den er am liebsten zerquetschen würde: „Wenn man kurz zudrückt, dann gibt es ihn nicht mehr." Die schimpfliche Geschichte nahm ihren Anfang, als Deutschland gegen Uruguay spielte und Stein demonstrativ die Sonne genoss, anstatt sich als potenzieller Auswechselspieler intensiv auf das Spiel zu konzentrieren.

Auch in den Spielpausen feierte Stein mit Dietmar Jakobs, Klaus Augenthaler und Dieter Hoeneß die Fiesta Mexikana, und die Viererbande erschien erst mehr als zwei Stunden nach dem Zapfenstreich im deutschen Quartier. Der Kaiser hielt daraufhin Strafgericht über die „Idioten", da flippte zuerst Hoeneß aus:

„Du darfst alles zu mir sagen, aber nicht Idiot. Ich weiß, was ich im Kopf hab', und ich weiß, was du im Kopf hast, und deshalb sagst du nicht Idiot zu mir!" Beckenbauer verhängte je 5.000 D-Mark Geldstrafe über die Delinquenten, mit Ausnahme von Stein, der sollte gleich 10.000 D-Mark zahlen. Stein, Augenthaler, Hoeneß und Olaf Thon wollten sofort abreisen, aber nur Stein bekam dafür die Erlaubnis – gegen Beckenbauers Willen. Denn der Kaiser hielt durchaus sehr viel von Torwart Stein, aber er wurde von verschiedenen DFB-Funktionären überstimmt.

Klar ist es eine Majestätsbeleidigung, wenn ein Untertan den Kaiser, in welcher Form auch immer, herabwürdigt. Wie kam Uli Stein nun aber ausgerechnet auf den *Suppenkasper*?

Suppenkaspar ist seit Erscheinen der „Geschichte vom Suppen-Kaspar" in Heinrich Hoffmanns „Struwwelpeter" von 1845 eher eine harmlose Beschimpfung für Kinder, die wie Kaspar, der erste Magersüchtige der Literatur, ihre Suppe nicht essen wollen. Auch *Struwwelpeter* oder *Hans-Guck-in-die-Luft* wurden im Deutschen daraufhin zu Neck- und Schimpfwörtern.

Trotz der tödlichen Konsequenz für den Suppenkaspar, der verhungert, wurde er zu einer durchaus ironisch-freundlichen Bezeichnung für Suppenliebhaber. Aber Steins Beschimpfung ging etwas tiefer, denn sie zielte nicht auf Beckenbauers mögliches Untergewicht, sondern auf die vielleicht nach dem Fußball größte Begabung unseres Kaisers, nämlich zur Selbstvermarktung.

Bei der WM 1966 in England gab Beckenbauer sein erfolgreiches Debüt in der Reklame und bekam dafür über 10.000 D-Mark:
„Kraft in den Teller - Knorr auf den Tisch". Für die Tütensuppen von Knorr war Beckenbauer auch 1986 noch auf den deutschen Bildschirmen zu sehen und jeder verstand Steins Anspielung.
Neben Adidas und Knorr trommelte der „Werbe-Kaiser" auch für Audi, Telefone, E-Plus, O2, Yello Strom und die Postbank. Wichtige Vereinbarungen hatte und hat er mit der BILD-Zeitung, dem ZDF und Premiere, wodurch uns garantiert weiter vom Leben und Treiben dieses Fußball-Gottes berichtet werden wird, bis er zu Sepp Herberger in den Himmel kommt. Das brachte Beckenbauer nicht nur Millionen ein, sondern auch Neid – und den Spitznamen Suppenkasper.
Dass Deutschland 1986 mit Torwart Uli Stein Weltmeister geworden wäre, weil er im Endspiel gegen Argentinien sicher nicht so gepatzt hätte wie Schumacher, ist eine Ironie der Fußballgeschichte.

Foda-se a Copa!

Kaum jemand weiß, dass es im Fußball eine deutsche Nationalmannschaft der Schriftsteller gibt, aber es gibt sie wirklich, seit 2005. Auch Polen, die Ukraine, Großbritannien, Frankreich, Schweden, Norwegen, Israel, Argentinien und nicht zuletzt Brasilien haben Schriftstellernationalmannschaften. Ob es der Literatur guttut, dass die Autoren, anstatt am Schreibtisch zu sitzen, wie kleine Jungs über den Rasen oder Kunstrasen einem Ball hinterherrennen, ist schwer zu beantworten. Für die körperliche Verfassung überwiegen die Vorteile.

Thomas Brussig rief mich 2005 an, als er die deutsche Mannschaft gründete, und seitdem führen mich immer wieder Fußballreisen in andere Länder oder sogar Kontinente, wie 2014, als wir zu einem Rückspiel gegen Brasilien nach São Paulo reisten. Kurz vor der richtigen WM, völlig unbeachtet von der Welt, erkämpften wir trotz des Heimvorteils der Brasilianer ein 2:2 und ich konnte mit meinem Interesse für schmutzige Wörter weit über den deutschen Tellerrand hinausschauen und die brasilianischen Fußballfreunde nach ihren Schimpfwörtern fragen.

Denn nicht nur in Deutschland haben Beschimpfungen bei WMs im Herrenfußball Tradition. Schon bei der Eröffnung der WM 2014 in Brasilien konnte die Welt hören, auf welchem Niveau hier beleidigt wird. Die brasilianische Präsidentin Dilma Rousseff saß bei der Eröffnungsfeier neben dem Generalsekretär der UNO Ban Ki Moon, den Präsidenten von FIFA, Kolumbien und Kroatien sowie der Präsidentin von Chile. Nicht das Volk, sondern Tausende aus der konservativen Oberschicht von São Paulo schrien Rousseff die schlimmste Beleidigung zu, die es in Brasilien gibt:

„Ei, Dilma, vai tomar no cú!“ Wörtlich übersetzt, lautet die Aufforderung: „He! Dilma, du wirst in den Arsch gefickt!“ Diese Beschimpfung ist eine der gröbsten, die Brasilien zu bieten hat, und zeigte, wie sehr im Land Armut und Reichtum auseinanderklaffen, denn die Armen hatten Dilma und vor ihr Lula gewählt, die Reichen hassten sie.

Normalerweise ist beim Fußballspielen oder vor dem Fernseher diese Beschimpfung normal und keine gravierende Beleidigung. Beim Staatsakt der WM-Eröffnung und in Anwesenheit von Staatsgästen aus aller Welt war sie dagegen sehr extrem.

Auch die unbeliebte Fifa bekam ihren Anteil an Hass und Beschimpfungen, im Straßenbild waren Graffitis zu sehen, internationale wie „Fuck Fifa!“ oder auf Portugiesisch „FODA-SE A COPA!“, zu Deutsch „FICK DICK, WM!“.

Beleidigungen wie diese sind in der normalen Kommunikation eher humoristisch als aggressiv und müssen nicht bluternst genommen werden. Das gilt auf dem Fußballplatz zum Beispiel für *Vai se fuder!*, *Fick Dich selbst!*, *Viado* und *Bicha*, im Deutschen ungefähr *Schwuchteln!*, und *Chupa meu pau!*, zu Deutsch *Lutsch meinen Schwanz!*, auch in der kurzen Variante *Chupa!*, *Lutsch!*.

Caralho wird auf dem Spielfeld die ganze Zeit gerufen (vergleiche *Karacho!*), es ist die Bezeichnung für Penis und sie wird verwendet wie im Deutschen *Scheiße*.

Filho da puta, der *Hurensohn*, ist nur dann ein schlimmes Schimpfwort, wenn es persönlich gegenüber jemandem geäußert wird.

Romário de Souza Faria, Weltmeister von 1994, bezeichnete Joseph Blatter in der Fernsehsendung Bate-Bola als „Dieb, Korrupten und Hurensohn“ und den Generalsekretär Valcke als „einen der größten Erpresser des Weltsports“.
Fast harmlos mutete dagegen die Beleidigung einiger brasilianischer Fußballfans an, die ihren für Spanien spielenden Landsmann Diego Costa als „Verräter!“ beschimpften.
Auch bei den Iranern äußerten sich Emotionen zur WM, sie hatten sich den Argentinier Lionel Messi gewählt. *Messi* klingt im Persischen wie *aus Kupfer* und die meisten Beschimpfungen bezogen sich darauf: „Du bist ja nur Kupfer Bürschchen, aber auch wenn du aus Gold wärst, hättest du keine Chance gegen uns.“
Der Pressezeichner Custódio Rosa aus São Paulo ist ein Fußballfreund aus der brasilianischen Nationalmannschaft der Schriftsteller. Er teilte mir mit, dass die traditionsreiche Fußballzeitung Olé von jeher Beleidigungen für Brasilien und die Brasilianer benutzt.
Bei der WM 2006 war es Olé, die für die enttäuschende brasilianische Nationalmannschaft die Bezeichnung *merde e amarelo* erfand, wörtlich *Scheiße und gelb*, ein Wortspiel auf *verde e amarelo*, wie die Nationalfarben grün und gelb korrekt französisch geschrieben werden.
Als der Brasilianer Marcelo im Eröffnungsspiel ein Eigentor schoss, schimpften, beleidigten und wüteten seine Landsleute auf Twitter gegen @Marcello: „Du blödes Arschloch!“, „Was machst du bloß?“, „Bist du wahnsinnig?“, „Ich hoffe, du

stirbst!“ Dies aber war der Account von dem ausgerechnet aus Argentinien stammenden Marcello Ferri, der in Rom als muskulöses Model lebte und knapp 60.000 Follower hatte. Er bat die wütende Twitter-Meute:
„An alle, die mich wegen des Eigentores beleidigen: Bitte leitet euren Ärger an @12MarceloV weiter. Danke!“ Doch auch manch Brasilianer ist ein *Idiota*, denn die Antwort lautete: „Kein Wunder, dass du ins eigene Tor triffst, wenn du während des Spiels twitterst! Du verdammter Idiot!“

Der *Fuzzi*

Ein *Fuzzi* ist ein lächerlicher, nicht unbedingt unsympathischer Mensch, der mit dieser Bezeichnung, meist in Zusammensetzung mit einem Beruf oder einer Sache, verspottet wird. So war für Joschka Fischer der damalige Ministerpräsident von Niedersachsen und spätere Bundeskanzler Gerhard Schröder im Wahlkampf 1994 ein „Motor-Fuzzi“.
In Verbindung mit dem jeweiligen Fachgebiet, ob nun *Computer-Fuzzi* oder *Zeitungs-Fuzzi*, kann *Fuzzi* einen Fachmann nicht nur abwertend, sondern auch verniedlichend bezeichnen, wie *Fritze* in den verschiedenen Zusammensetzungen, zum Beispiel beim *Fernseh-Fritzen*. Ein *Computer-Fuzzi* ist ein durchaus kompetenter Spezialist, vielleicht mit Schwächen auf anderen Gebieten.
Im Amerikanischen ist ein *Fuzzy* oder *Fuzzie*, gesprochen „Fas-

sie“, entweder ein weißer Polizist, eine sichere Wette oder es bedeutet als Adjektiv fusselig, betrunken, unscharf oder unsicher. Dass der Fuzzi zu einem deutschen Schimpfwort wurde, geht auf den US-amerikanischen Filmkomiker Alfred „Al“ St. John und seinen fusseligen Bart zurück. Er lebte von 1892 bis 1963 und spielte in fast 400 Filmen mit, zum Beispiel in dem ersten Film des damals unbekannten Charlie Chaplin. Schon St. Johns Onkel „Fatty“ Arbuckle war ein Stummfilmstar.

Das Leben und Schaffen des Schauspielers Alfred St. John ist bemerkenswert, während seine Berufskollegen versuchten, ihr Aussehen zu verbessern, war er sehr erfolgreich damit, seine Attraktivität zu verbergen. Angefangen hatte er als Fahrrad-Akrobat und eiferte seit 1912 seinem Onkel im Filmgeschäft nach. Er spielte mit den Stars seiner Zeit wie Buster Keaton, Harold Lloyd und Larry Semon.

Sein Onkel Fatty gründete eine eigene Produktionsfirma, in der sie zusammen mit Buster Keaton so lange ein schlagkräftiges Trio waren, bis ein Skandal es Fatty unmöglich machte, weiterhin auf der Leinwand zu erscheinen. Fatty arbeitete unter Pseudonym weiterhin als Regisseur und machte seinen Neffen Alfred zu einem immer berühmteren Komiker.

Alfred selber war der Erfinder einer frühen Western-Serie namens „The Three Mesquiteers“, in der er den Helden Stoney spielte. Sein Nachfolger John Wayne wurde durch diese Rolle berühmt.

Es war die Nebenrolle als Cowboy Jonathan „Fuzzy“ Q. Jones, die ihn in die deutsche Sprache eingehen ließ. Er spielte

diese Rolle ab 1937 in knapp 100 Filmen und wurde damit so berühmt, dass dafür im Vorspann „with Al (Fuzzy) St. John“ geworben wurde.
Als Fuzzy war er zuerst neben dem singenden Cowboy Fred Scott zu sehen. Für den Kinoerfolg war Fuzzy wichtiger als seine verschiedenen Partner, er war so überzeugend, dass er später in drei Filmen sogar die Hauptrolle spielte.
Mit dem Siegeszug des Fernsehens in den 1950er Jahren war vorerst Schluss mit der Epoche der Serienfilme und damit auch mit der Karriere von Fuzzy. In seinen letzten zehn Lebensjahren war er nur noch auf Volksfesten und Rodeos zu sehen und erlebte leider nicht mehr seinen Aufstieg in dem Medium, das sein Dasein als Filmstar beendet hatte.
In Deutschland kamen die Billigwestern ab 1954 als *Fuzzy-Filme* in die Kinos. Seitdem werden strubbelige oder komische Menschen, die man so richtig ernst nicht nehmen kann, als *Fuzzys* oder *Fuzzis* bezeichnet.
Der prominenteste *Ski-Fuzzi* Deutschlands ist der Begründer des Trickskifahrens, Fuzzy Garhammer aus München. Der Snowboardpionier war Anfang der 1970er Jahre Freestyle-Ski-Weltmeister und betreibt bis heute eine Schule dafür. Als „Fuzzy, der Pistenschreck“ ist er vielen noch heute aus der Fernsehserie „Tele-Ski“ bekannt. Er bekam den Spitznamen Mitte der 1960er Jahre nach dem Strubbel-Cowboy verliehen.
In der Fernsehserie „Western von gestern“ im ZDF war der

Original-Fuzzy 1978 zuerst auf deutschen Bildschirmen zu sehen und wurde damit auch den nach 1960 Geborenen ein Begriff.

Vielleicht folgt die Geschichte des *Fuzzis* in Deutschland der „Fuzzylogik", das ist eine Theorie zur Umgangssprache. Denn die ungenauen sprachlichen Angaben wie *kalt*, *warm* oder *heiß* können als *Fuzziness* mathematisch erfasst werden. Mit dieser Fuzzylogik können zum Beispiel Heizungen *fuzzyfiziert* und *defuzzyfiziert* werden. Die ungenauen menschlichen Eingaben werden in technisch nutzbare Parameter umgewandelt, so dass es nach dem Drehen am Regler auch wirklich wärmer wird.

Im Schwyzerdytsch ist *Fuzzy* allerdings eine derbe Bezeichnung fürs weibliche Geschlechtsteil.

Der *Gutmensch*

Der *Gutmensch* ist wie wir alle, nur noch etwas besser und etwas dümmer. In seinem positiven Bemühen übertreibt er es. Er umarmt Bäume oder kettet sich an sie an, steckt Blumen in Gewehrläufe, bejubelt ankommende Flüchtlinge und ist häufig eine Frau. Mit dem Wort kann man alle diskreditieren, die Gutes tun oder es versuchen.

Relativ selten wird ein Schimpfwort in den deutschen Hauptnachrichten thematisiert, im Januar 2016 aber war es soweit. Denn seit Jahrzehnten wird von der traditionell links

eingestellten Jury das „Unwort des Jahres“ gewählt. Zum ersten Mal war es eine Beschimpfung: *Gutmensch*.
Begründet wurde die Wahl des Begriffs mit seiner Verwendung gegen Helfer und Beschützer von Flüchtlingen. Damit würden Toleranz und Hilfsbereitschaft als naiv, sogar dumm und weltfremd diffamiert. Eigentlich wird dem *Gutmenschen* noch viel Schlimmeres unterstellt, nämlich dass es ihm nicht um das Wohl anderer gehe, sondern nur um die eigene moralische Zufriedenheit. Die an den Bahnhöfen Flüchtlinge begrüßenden *Gutmenschen* wollten nicht die Fremden feiern, sondern sich selbst und ihre Menschenfreundlichkeit.
Der Journalist Matthias Heine hat das Wort in einigen wenigen Publikationen im 19. Jahrhundert nachweisen können, aber viel häufiger wurde es seitdem nicht benutzt. In den heutigen Sprachgebrauch hat der Publizist und Redakteur Kurt Scheel (1948-2019) den *Gutmenschen* erst 1992 eingeführt. Die moderne Geschichte dieses Wortes zeigt, wie ein Schimpfwort von seiner Herkunft aus dem linken politischen Spektrum nach rechts außen wandern kann.
Denn damals hatte Karl-Heinz Bohrer einen Artikel geschrieben, in dem er satirisch empfahl, man solle ein Wörterbuch des guten Menschen verfassen, in dem bestimmte angesagte Begriffe und moralisierende Termini wie *Querdenker* und *eigensinnig* kritisch behandelt würden. Redakteur Kurt Scheel überzeugte Bohrer, dass die Zusammenziehung *Gutmensch* noch spöttischer und gemeiner klinge, und so stand es 1992 im Januarheft des Merkur. Es bezeichnete Wichtigtuer

und öffentlichkeitsgeile Medienleute im Gegensatz zu tatsächlich guten Menschen.

Klaus Bittermann griff die Idee auf und publizierte in seinem dezidiert linken Tiamat Verlag mit Gerhard Henschel und Wiglaf Droste zwei Sammelbände unter dem Titel „Wörterbuch des Gutmenschen. Zur Kritik der moralisch korrekten Schaumsprache". Der Erfolg dieser Bücher trug das Wort in die deutsche Sprache. *Gutmensch* war damit als Spott- und Schimpfwort von Linken gegen Linke etabliert. Denn die beiden Herausgeber sahen ihr Buch als ein Projekt der Selbstkritik: „Primär ging es darum, eine denkfaul gewordene Linke aus ihrer geistigen Verfettung zu schrecken, indem man sie dessen bezichtigte, was ihre Vorväter am meisten gehasst hatten: des biederen Moralismus."

Die Wörterbücher des *Gutmenschen* standen hauptsächlich in der Tradition von Gustave Flauberts „Wörterbuch der Gemeinplätze", aber sie erinnern auch an Victor Klemperers „LTI, Lingua Tertii Imperii" und „Aus dem Wörterbuch des Unmenschen" von Sternberger, Storz und Süskind.

Aber *Gutmensch* wurde Ende der 1990er Jahre von den politischen Gegnern gekapert, als Rechtsextreme die Bezeichnung zur Verhöhnung und als Schimpfwort gegen Linke verwendeten.

Vergeblich erinnerte Kurt Scheel an den Sinn seines Wortes, denn er fand, es dürfe nur „als süffisante, Heiterkeit erzeugende Bemerkung angesichts eines berufsmäßigen Moralisten" benutzt werden.

Seit ungefähr dem Jahr 2000 wird das Wort vorwiegend von rechts gegen links oder liberal benutzt, und Kurt Scheel wurde bis zu seinem Tod seines Wortes nicht mehr froh.
Ein Beispiel ist Thilo Sarrazin, der 2010 schrieb, die sogenannten Gutmenschen seien über ihn hergefallen, als er beiläufig erwähnt habe, man könne Energiekosten durch das Tragen eines Pullovers sparen. David Reineke, ein Berliner Touristenführer und Kosmopolit, bringt es frei nach Oliver Kalkofe auf den Punkt:
„Lieber Gutmensch genannt werden als Arschloch sein."

Der *Hipster*

Die Soulband Tower of Power beantwortete die Frage, was denn eigentlich *hip* sei, in ihrem Stück „What Is Hip" im Jahr 1973: "Hipness is - what it is! And sometimes hipness is / What it ain't!". Auf Deutsch: „Hipness ist, was es ist! Und manchmal ist Hipness, was es nicht ist!" *Hipster* hat sich von der Bezeichnung für einen Angehörigen einer bestimmten US-amerikanischen Subkultur zum Schimpfwort entwickelt. Die Vorläufer der heutigen *Hipster* sind *Dandys*, *Stutzer*, *Fatzkes* und *Popper*, auch diese Wörter wurden statt als Definitionen bald im despektierlichen Sinne verwendet. Nach dem Amerikanisten Mark Greif tauchten die gegenwärtigen Hipster zuerst 1999 wieder mit positiver Bedeutung auf, nachdem der Begriff bereits lange eine Beleidigung war.

Gemein mit den meisten Schimpfwörtern hat *Hipster*, dass zwar andere so bezeichnet werden, aber niemand auf die Idee kommt, er selber könnte zu dieser Menschengruppe gehören. *Hipster* ist keine freundliche Umschreibung mehr. Anfang der 2020er wurden besonders vollbärtige Männer zwischen 20 und 30 mit Sonnenbrillen so bezeichnet. Den Hipster erkennt und erkannte man an Piercings, Tätowierungen, Holzfällerhemden, übergroßen Hornbrillen, Schlauchschals, und an den Füßen tragen sie Vans oder Converse.
Auch die Frisuren sind Anzeichen von *Hipstertum*, ist das Haar über dem Ohr in gerader Linie um den gesamten Kopf herum abrasiert, so dass nur das lange Deckhaar stehenbleibt, handelt es sich um den Sidecut. Beim Undercut ist die Rasur dagegen asymmetrisch und ragt ins Deckhaar hinein.
Vorgeworfen werden Hipstern ihre Oberflächlichkeit, ihr Desinteresse an Politik und der Widerspruch, sich einerseits von der Masse absetzen zu wollen und doch andererseits längst ein Massenphänomen ohne Individualität zu sein.
Das Wort *Hipster* stammt aus den USA, eingeführt wurde es von Harry Gibson, genannt „The Hipster", in den 1940er Jahren. Gibson bildete es aus den Wörtern *hep* und *hip*, womit Freunde des Jazz besonders gelungene Stücke auszeichneten. Der *Ur-Hipster* trug Schwarz, Sonnenbrille und Baskenmütze, einen Unterlippenbart und rauchte Marihuana. *Hipster* waren bis Anfang der 1960er Jahre Bohemiens aus Manhattan, ihr zentraler Begriff *cool* ist heute noch allgegenwärtig.
Sagt man heute *Hipster*, so ordnet man nicht den Stil und

Geschmack einer Gruppe zu, sondern mokiert sich über modische Verirrungen, so wie Uli Hannemann in seinem ersten Roman „Hipster wird's nicht“. Besonders lächerlich erscheint das *Hipstertum* bei über 40-Jährigen, so bei Hannemanns Ich-Erzähler, der nach einer Beschimpfung als „Hipster“ würdelos davonstakst, weil er sich beim Rasieren der Hoden eine Fleischwunde zugezogen hat.

Allgemein hat der zeitgenössische Hipster einen üblen Ruf und wird verspottet, so in dem Comic „Hipster Hitler“, in dem die Laufbahn des modischen Politikers nacherzählt wird, oder im „Hipsterquartett“, in dem die Hipster mit der Zahl ihrer Jutebeutel, ihrer Projekte oder ihres Matekonsum trumpfen können. Schon 2012 schrieb der Tagesspiegel über „Hass auf die Hipster in Kreuzberg und New York“.

Besonders trifft man mit der Beschimpfung *Hipster* diejenigen, die sich für Alternative halten. Denn sie interessieren sich schließlich für moderne Kunst, Musik, Independent-Film, Literatur und sind politisch engagiert und fortschrittlich. Dass man sie nur wegen geringer äußerlicher Gemeinsamkeiten mit oberflächlichen Hipstern gleichsetzt, verletzt sie. In den USA, immerhin Vorreiter der Hipster, gibt es seit 2010 auf YouTube den Song „Fuck You Hipsters“, der viele Vorwürfe zusammenfasst: „Ist es nicht verwirrend, so sehr darauf zu achten, dass man aussieht, als ob man überhaupt nicht darauf achtet? Ist es nicht ironisch, so besessen von Ironie zu sein, dass Ihr mit Eurer Liebe zur Ironie längst selber ironisch seid?“ Die Musik der Hipster klinge, als würden

Delfine vergewaltigt, und ihre Jeans seien so eng, dass man ihre Geschlechtsteile sehe. Aber da sich niemand mehr selber als Hipster sieht, trifft die Beschreibung der Chemnitzer Band Kraftklub zu: „Ich bin ein Hipster und mache einen Song gegen Hipster."

In diesem Zusammenhang ist interessant, dass das Wort *Hippie* zuerst ein Schimpfwort von Hipstern für Möchtegern-Hipster war, um sich von ihnen abzugrenzen und sie herabzusetzen.

Den *Ur-Hipstern* von Anfang der 1960er Jahre verdanken wir auch das Schimpfwort *Hippie* für Möchtegern-Hipster, das nach dem Bedeutungswandel ins Positive einer noch größeren Jugendbewegung ihren Namen gab. Erst für die Punks Ende der 1970er Jahre war *Hippie* dann wiederum ein Schimpfwort.

Der *Idiot,* das *Idiotikon* und die *Idiotenkultur*

Als ich für das Buch „Ohne Dich ist alles Staub" viel in Walter Kempowskis Tagebuchsammlung im Archiv der Akademie der Künste recherchieren musste, war ich dem verehrten Schriftsteller dankbar für seine sorgfältige Katalogisierung, die jedem Nutzer die Suche sehr vereinfacht. Hilfreich waren auch seine erfrischenden Kommentare zu bestimmten Autoren, auch wenn sie mitunter nur aus einem einzigen Wort bestanden: „Idiot!"

Dass im Lexikon die aus dem Griechischen stammenden Wörter *Idiot*, *Idiotie* und *Idiotikon* so nahe hintereinanderstehen, scheint verwunderlich, denn während die beiden ersteren die schwerste Form der Geistesschwäche bezeichnen, ist letzteres ein spezielles wissenschaftliches Wörterbuch.
Die tiefe Verachtung, mit der heute jemand als *Idiot* beschimpft wird, setzt die Abwertung fort, mit der in der ursprünglichen Bedeutung Privatmenschen bezeichnet wurden. Im Mittelalter und der frühen Neuzeit war der *Idiot* allgemein ein Nichtwissenschaftler im Gegensatz zum gelehrten Fachmann. Im allerersten deutschen Fremdwörterbuch von Simon Roth, „Ein Teutscher Dictionarius“ von 1571, steht zum *Idioten* schon mit deutlich negativer Bedeutung: „Ein Griechischwort Latine inutilis. Unnütz der niemandt dann jhm selbs nutz ist. Aigennutzig. Item ein grober unverstendiger ungelerter unbeleßner Mensch ein kunst unnd Gelerter leut feindt.“
Das griechische *idiotes* ist von *idios* abgeleitet, was *eigen* bedeutet. Daher stammt auch das *Idiom*, die Eigentümlichkeit einer Sprache, oder das oben erwähnte *Idiotikon* für ein anspruchsvolles Dialektwörterbuch.
Idiotes waren in Griechenland Privatmänner, Unpolitische oder in Staatsangelegenheiten Unkundige. Mit der Bezeichnung setzten Politiker die Bürger, oder Gelehrte die Laien herab.
Im Sinne von *Nichtwissenschaftler* bezeichnete noch Herder den Philosophen Sokrates als *Idioten*. Ein wahrer Sprachforscher, so Herder, müsse jemand sein,

„der Philosophie und Geschichte und Philologie verbinde, der als Fremdling Völker und Nationen durchwandert und fremde Zungen und Sprachen gelernt hätte, um über die seinige klug zu reden, der aber zugleich, als ein wahrer Idiot, alles auf seine Sprache zurückführte, um ein Mann seines Volks zu sein."

In Bezug auf obiges *Idiotikon* schrieb Herder:

„Wenigstens ist eine Mundart, in welcher die Literatur entweder von selbst hervorgeschossen oder hineingepfropft ist, unendlich von einer ändern unterschieden, die man in Absicht der Wissenschaften idiotisch nennen muß."

Seume schrieb 1801 von unterwegs:

„Du weißt, daß ich hier ziemlich Idiot bin und mich nicht in das Heiligtum der Göttin wage; ob ich gleich über manche Kunstwerke, zum Beispiel über die Medicierin, meine ganz eigenen Gedanken habe, die mir wohl schwerlich ein Antiquar mit seiner Ästhetik aus treiben wird."

In der Erinnerung an einen Theaterbesuch in seiner Jugend, bei dem Seume einen „Liebling der Natur und der Musen" nur in einer Nebenrolle erleben konnte, schrieb er: „Ich, obgleich damals noch ziemlich Idiot, ärgerte mich über den Mißgriff der Direktion und setzte ihn sogleich bei mir als den ersten Mann der Gesellschaft nieder."

Ende des 18. Jahrhunderts und zunehmend im 19 Jahrhundert wurde *Idiot* im Deutschen für Dummköpfe und Schwachsinnige gebraucht, so schrieb Friedrich Engels vom Lande Kaiser Franz' und seines „wasserköpfigen Sprößlings": „Vor Revolutionen war das Reich des gekrönten Idioten einstweilen noch sicher." Für Karl Marx bebte 1848 „der Boden unter den Füßen des gekrönten Idioten".
Die Bezeichnung wurde von Anarchisten wie Peter Kropotkin übernommen und sogar von Gustav Meyrinck in „Das grüne Gesicht":

„... bis zum äußersten Heulen und Zähneklappern ist dann nur noch ein Schritt und man hängt eines Tages in Orden und Frack neben Isidor dem Schönen oder sonst einem gekrönten Idioten mit Birnenschädel und Botokudenschnauze im Speisezimmer."

Der *Fachidiot* stammt ebenfalls von Karl Marx, er schrieb 1847 von *idiotism du métier* in seinem Werk, das erst 1885 unter dem Titel „Das Elend der Philosophie" ins Deutsche übersetzt wurde: „Was die Arbeitsteilung in der modernen Gesellschaft charakterisiert, ist die Tatsache, dass sie die Spezialitäten, die Fachleute und mit ihnen den Fachidiotismus erzeugt."
Für Nietzsche war Immanuel Kant nicht nur der verwachsenste „Begriffskrüppel, den es je gegeben hat", sondern auch ein Idiot.

Idiot ist in der Gegenwart, wie Herbert Pfeiffer schreibt, „ein sehr häufiges starkes Schimpfwort für einen in ärgerlicher Weise törichten Menschen, ein totaler, völliger, kompletter, unglaublicher, blutiger Idiot". Pfeiffer erinnert auch an Jens Ingvald Bjørneboe, der 1969 schrieb: „Einmal von jedem kleinen Zeitungsidioten mit all der Scheiße bekleckst zu werden, die es auf Gottes schöner Erde gibt, durch Jahre hindurch, - das ist gesund und gut."

Wie man bei www.recht24.de erfahren kann, ist die Aussage „Du blöder Idiot!" eine Meinungsäußerung oder ein Werturteil, kann also nicht als üble Nachrede, wohl aber als Beleidigung geahndet werden und im Straßenverkehr bis zu 1.500 Euro kosten.

Der US-amerikanische Journalist Carl Bernstein erinnerte 2010 in einem Interview mit dem Stern an die zunehmende Sensationsgier der Medien – anstatt ihr Publikum über die wirklich wichtigen Dinge zu informieren, werde über Klatsch und Tratsch berichtet – und bezeichnete diese Entwicklung als „Triumph der Idiotenkultur".

Der *Kümmeltürke*

Martin Luther gebrauchte das Wort *Malztürken* für Sperlinge, nach „Grimms Wörterbuch" „scherzhaft scheltend von vögeln, weil sie in den malz einfallen, wie die Türken ins land". Im Gegensatz dazu haben *Kümmeltürken* fast nichts mit

Türken zu tun. *Kümmel* kommt in deutschen Sprichwörtern verschiedentlich vor. *Einem den Kümmel reiben* bedeutet, einem gehörig die Meinung zu sagen. *Kümmelspalter* ist ein Synonym für *Haarspalter*, kann aber auch einen *Geizhals* bezeichnen.

In diesem Sinn hat es schon Platon im „Symposion" gebraucht, als er von einem Menschen sprach, der ein *Kümmelkorn spaltet*, um die Hälfte zu sparen. Aristophanes steigerte in dieser Hinsicht in den „Wespen" das Wort zu *kümmelkressespaltend*. Im Zusammenhang mit Fellatio gibt es den Begriff *Kümmelstange* fürs männliche Glied, von dem auch die Tätigkeit *an der Kümmelstange knabbern* sowie *Kümmelstangenlecker* für einen Fellator abgeleitet sind.

Für einen *Kümmeltürken* kommt das eher selten in Frage. Als *Kümmeltürke* kann man jeden Spießbürger, jeden Philister, jeden dummen Kerl beschimpfen, auch ein besonders temperamentloser oder langweiliger Mann ist ein *Kümmeltürke*. Dann gibt es noch den Gebrauch für Türken sowie aus der Türkei stammende Gastarbeiter und deren Familien. Schließlich wurde *Kümmeltürke* früher auch für *Säufer*, besonders Kümmelschnapstrinker verwendet. Das Wort hatte auch verstärkende Wirkung, jemand *säuft wie ein Kümmeltürke* oder ein Aufschneider *gibt an wie ein Kümmeltürke*. Das muss nicht abwertend sein, denn es kann auch jemand *schuften wie ein Kümmeltürke*.

Der Begriff *Kümmeltürke* stammt aus Halle. Im 18. Jahrhunderts wurden mit *Türkei*, ähnlich der *Walachei*, Landstriche bezeichnet, die wegen schlechter Infrastruktur schwer zu erreichen waren und deren Ausstattung mit zivilisatorischen Einrichtungen mangelhaft war. So war die Lausitz die *Hundetürkei*. Wegen des Kümmelanbaus bei Halle lag dort die *Kümmeltürkei*.

Die aus dieser Gegend stammenden Studenten bekamen Fresspakete von der Familie, in denen natürlich Kümmel nicht fehlte und die deshalb *Kümmel* genannt wurden. Ein *Kümmeltürke* war also ein Hallenser Student, der aus der Umgebung stammte. Vielleicht wurde es schon damals als spießbürgerlich empfunden, dass diese ihre Heimat zum Studieren nicht verlassen hatten, und das Schimpfwort nahm so eine neue Bedeutung an.

Als Nebenfigur finden wir einen solchen *Kümmeltürken* in Ludwig Achim von Arnims Drama „Halle und Jerusalem" von 1809. Und 1810 schreibt Goethe in Bezug auf seinen Sohn August:

„Wenn ich es recht übersehe und bedenke, so ist mir sein Heidelbergischer Aufenthalt lieber als sein Jenaischer: es kommt schon etwas Kümmeltürkisches in ihn. Ich habe niemals einen so deutlichen Begriff von diesem Worte gehabt als jetzt."

Tieck schrieb im Sinne von *Spießer* darüber, „was die guten Deutschen sonst noch kümmeltürkenartig an den schändlichen ausdruck *besoffen* anknüpfen."

Heinrich Laube schreibt in seinem „Jagdbrevier" 1841 anklagend über Meister Lampe: „der hase ist ein kümmeltürke: wenn man ihn nicht alltäglich hetzt, so bleibt er gern wo er gesetzt".
Das Gegenteil gilt für die türkischen Gastarbeiter, die seit Anfang der 1960er Jahre in die Bundesrepublik einwanderten. Der eigentlich ganz anders besetzte *Kümmeltürke* bot sich als Schimpfwort an und wurde also mit einer antitürkischen Bedeutung angereichert. In Österreich ist es gar Schimpfwort für alle Ausländer. Aber nicht jeder nimmt die Bezeichnung so feindlich auf, wie sie gemeint ist. Der türkische Besitzer des Restaurants Kümmeltürk in Wien findet seit über 20 Jahren, dass er sich einen schönen Namen ausgesucht hat.
Der SPIEGEL druckte 2008 einen Artikel über prominente Muslime in Deutschland unter der Überschrift „Kümmeltürke oder Terrorist?". Einen türkischstämmigen Menschen als *Kümmeltürken* beschimpfen, sollte man allerdings auch dann nicht, wenn dieser in der Nähe seiner Heimatstadt studiert.

Der *Lustmolch*

Der Molch ist eigentlich ein Lurch, der im Wasser lebt, und vielleicht hat ihn seine Zugehörigkeit zur Ordnung der Caudata, der Schwanzlurche, in den Verdacht ausschweifender Sexualität gebracht.

Die *Lust* stammt vom gotischen *Lustus* ab und ist mit den altnordischen *Losti* und *Lyst* verwandt. Vermutet wird eine Herkunft vom germanischen Verb *lutan* für *neigen* in der Bedeutung *Neigung*. In dem Schimpfwort *Lustgreis*, für einen älteren Mann mit übersteigertem sexuellen Interesse, finden wir das Wort genauso wie im *Lüstling*, von dem Wieland dichtete:

„Sieh, Lüstling, sieh den grinsenden Schädel hier,
Statt wallender Locken von Maden umkrochen!"

Manchmal scherzhaft, meistens eher abschätzig oder tadelnd bezeichnet man einen lüsternen oder trotz fortgeschrittenen Alters noch sexuell sehr aktiven Mann als *Lustmolch*. Zu den prominenten *Lustmolchen* gehören Mick Jagger und Hubert Kah, Berlusconi und Brüderle. Jean Pütz erklärte sich wegen seiner Vaterschaft mit knapp 80 Jahren gleich selber zum *Lustmolch*. Auch die Formen *Genuss-* und *Sexmolch* gibt es, die erstere erinnert an den österreichischen *Genussspecht*. Der Molch ist im Österreichischen außerdem ein Synonym für Hausstaub. Das Wort *Molch* lässt sich auf die mittel- und althochdeutschen Bezeichnungen *Mo*, *Molle*, *Molm* und *Mol* zurückführen, aber die genaue Herkunft ist unklar. Spekulation bleibt die Verwandtschaft mit dem griechischen Wort *mélas* für *schwarz* oder *blau* in Bezug auf die dunkle Farbe der Molche. Noch für Martin Luther, durch dessen Bibel der *Molch* in die Hochsprache gelangte, waren seine Feinde „Otterngezücht" und einer davon „steckt so voller Gift, wie ein bunter Molch". Auf die Giftigkeit der Molche spielte der Barock-Dichter

Andreas Gryphius an, als er von einem Gift „gestärkt mit Saft ergrimmter Molchen“ schrieb. In seinem Aberglauben an diese gefährliche Flüssigkeit warnte er:
„Ihr Seelen, die ihr euch in heißer Brunst verzehrt,
und mit dem Molchensaft der geilen Laster nährt.“
Dieses ist der älteste Beleg für eine Verbindung des harmlosen Lurchs zu sexuellen Ausschweifungen. Auch Christoph Martin Wieland hatte Angst, dass ein „giftger Molche in meine Brust die scharfen Zähne schlagen“ würde, und bei Goethe sind die Amphibien ebenfalls keine Sympathieträger:
„Sind das Molche durchs Gesträuche?
Lange Beine, dicke Bäuche!“
Bis ins 19. Jahrhundert wurden böse und giftige Menschen, häufig Frauen, als *Molche* beschimpft. Auch Kleinwüchsige mussten sich als *Molche* herabwürdigen lassen, so fragte Chamisso nicht sonderlich freundlich einen Nachwuchs-Barbier: „Bist du der rechte, kleiner Molch?“ Joachim Heinrich Campe berichtete von dem Scherz, bei dem man angeekelt einen adipösen Menschen einen *dicken Molch* nannte. „Grimms Wörterbuch“ kennt den *Lustmolch* nicht, wohl aber den *Molch* als giftiges und feuerfestes Untier.
Lustmolche kannte man vielleicht in der mündlichen Sprache, schriftlich finden wir bis ins 19. Jahrhundert nur die *Lustmenschen*, die Jean Paul so charakterisierte: „Nur die Abwesenheit des Genießens gestattet ihrem Antlitz seine Richtung gen Himmel: denn gleich dem Vieh senken sie das Haupt, sobald sie weiden.“

Männer, die wir heute *Lustmolche* nennen, besonders homosexuelle, wurden bis ins 20. Jahrhundert als *Lüstlinge* beschimpft. Erst im späten 19. und frühen 20. Jahrhundert kam es zu schriftlichen *Lustmolchen*, die wir zum Beispiel im Roman „Im Garten der Frau Maria Strom" von Helene Böhlau aus dem Jahr 1922 finden. In dem Buch trägt ein fiktiver Roman den spannenden Titel „Die Menschenfalle oder Im lichten Hirnlande der Lustmolche". Die *Lustmolche* dieses Romans im Roman leben in einer unterirdischen Hirnwelt ohne Musik und Sonne, ob sie menschenähnlich sind, bleibt unklar.

In unserem heutigen Sinn verwendete Rudolph Stratz 1931 die Beschimpfung *Oller Lustmolch!* in seinem Roman „Karussell Berlin", der in den schmutzigen und kriminellen Kneipen der Reichshauptstadt spielt. Seitdem hat der *Lustmolch* die Bezeichnung *Lüstling* fast vollständig ersetzt.

In den 1990er Jahren war der Molch besonders in der Jugendsprache präsent, da gab es neben dem *Lustmolch* den *alten, verstaubten oder trüben Molch*, den *Dreckmolch*, *Fettmolch*, *Stinkmolch*, und Mönche wurden als *Kuttenmolche* beschimpft.

Der *Motherfucker*

Ein *Motherfucker* ist die obszöne Steigerung eines *Muttersöhnchens*. Unangenehme männliche Zeitgenossen werden

damit betitelt, aber auch Anerkennung für eine gewisse Rücksichtslosigkeit ausgedrückt. Wie bei den meisten Schimpfwörtern entscheidet der Kontext, ob es tatsächlich eine Beleidigung ist oder eine freundschaftliche Anrede.
Neben Ausrufen wie *Fuck!* und *Shit!* ist auch *Motherfucker* aus dem Amerikanischen in den 1970er Jahren in den deutschen Sprachgebrauch eingewandert. Schriftsteller wie Norman Mailer, James Baldwin, William S. Burroughs, Charles Bukowski und die entsprechenden Übersetzungen sowie die Musik des Punk, Rap und Hiphop mit ihrer derben Sprache sind dafür verantwortlich.
Auch in anderen europäischen Sprachen hat sich das Wort angesiedelt, so bezeichnet der Name der norwegischen Indie-Pop-Band Kakkmaddafakka in der skandinavischen Jugendsprache von 2004 einen *Partylöwen*.
2007 führte die Verwendung des Wortes zur Versetzung eines Ausbilders der Bundeswehr. Der hatte seinen Untergebenen am Maschinengewehr aufgefordert:
„So, sie sind jetzte in ‘ner Bronx. Ein schwarzer Van hält vor Ihnen. Drei Afroamerikaner steigen aus und beleidigen ihre Mutter aufs Gröbste. Vor jedem Feuerstoß will ich ein lautes *Motherfucker* hören. Handeln sie!“ Der Soldat führte den politisch unkorrekten Befehl aus und schreit zwischen den Salven „Motherfucker!“, das Video davon wurde seinem Vorgesetzten zum Verhängnis und ist bis heute auf YouTube anzusehen.
Sido und Bushido rappten im Jahr 2011:

„ich glaub nicht dass du mich kalt machst,
los komm her mach faxen Opfer und du wirst im Wald wach,
Sido und Bushido zwei Wölfe zwei Alphas
der strick den du um den Hals hast halt einfach den Ball flach
Shaquille O' Neal,
und schiel
nicht auf meine Uhr
immerzu in einer Tour
steck sie in dein Arsch dann hab ich meine Ruhe
egal was ihr macht und was ihr tut ich bin und bleibe stur
ihr wisst schon dieser eine Motherfucker oder einfach nur Sido!"

Die Rechten schäumten darüber: „Während man eine Anzeige oder Rücktritt befürchten muss, wenn man kriminelle Drogenhändler als Gsindl oder Abschaum bezeichnet, wird man als *motherfucker* ein Star im gebührenpflichtigen Staats-TV!" Die Empörung ist verständlich, untersagten doch schon die Gesetzestafeln des Hammurapi den Sex zwischen Mutter und Sohn. Paare, die sich nicht daran hielten und erwischen ließen, wurden gemeinsam verbrannt. Der ionische Lyriker Hipponax beschimpfte im 5. Jahrhundert vor Christus einen Bildhauer mit *metrokoites*, *Mutterficker*. Der berühmteste *Motherfucker* der Literatur ist zweifellos Ödipus. Das *Mutterficken* ist eines der ältesten Tabus der Menschheitskultur. Bei Martin Luther klingt dieses Verbot im Alten Testament 1545 so:

„VND der HERR redet mit Mose vnd sprach: Du solt deines Vaters vnd deiner Mutter schambd nicht blössen. Es ist deine Mutter, darumb soltu jre schambd nicht blössen. Du solt deines Vaters weibes schambd nicht blössen, denn es ist deines Vaters schambd."

In Paulus' „Brief an die Corinther" heißt es: „ES gehet ein gemein geschrey, Das Hurerey vnter euch ist vnd eine solche hurerey, da auch die Heiden nicht von zu sagen wissen, Das einer seines Vaters weib habe."
Für die Frühgeschichte des Wortes kann man sich auf Jim Dawsons sorgfältige und 2011 bei Tiamat auf Deutsch erschienene Arbeit „Motherfucker, Die Geschichte der Mutter aller schmutzigen Wörter" stützen, auch wenn im Deutschen eher der *Arsch* der Vater und die *Scheiße* die Mutter der schmutzigen Wörter sind.
Die frühesten amerikanischen Nachweise sind in Gutachten texanischer Berufungsgerichte gefunden worden, 1890 heißt es dort: "that God damned mother f---king son-of-a-bitch!", und 1897 zum ersten Mal ausgeschrieben: "a mother-fucking son-of-bitch!" Wahrscheinlich wurde das Wort erst von Weißen benutzt und im 20. Jahrhundert von schwarzen Jazzmusikern und Hipstern übernommen.
Die schriftliche Verwendung blieb selten, meist verklausuliert wie *mother----* in John O'Haras Roman „Appointment in Samarra" (deutsch „Begegnung in Samarra") von 1934. Ebenfalls seit den 1930er Jahren kann man die Abkürzung *mother*

in Hollywood-Filmen nachweisen, W. C. Fields presst nach erlittenen Erniedrigungen "Mother o'Pearl" zwischen den Zähnen hervor. Barbara Stanwyck schimpft 1938 in „Night Nurse": "You mother!"

Norman Mailer sorgte 1948 für das literarische Debüt des ausgeschriebenen Wortes in „The Naked and the Dead" (deutsch „Die Nackten und die Toten") mit dem Adjektiv *mother fuggin*. James Otis Purdy gebührt der Verdienst, *motherfucker* erstmals in einem literarischen Werk veröffentlicht zu haben. „63 Dream Palace" heißt die 1956 veröffentlichte Novelle, der James Baldwin und William S. Burroughs und all die anderen Schriftsteller bis heute nur noch folgen konnten.

Aus der Mundart der Afroamerikaner und der Literaten kam das Wort in den 1960er Jahren mit Bürgerrechts- und Anti-Vietnamkriegs-Bewegung in den allgemeinen Sprachgebrauch der USA.

Inzwischen kann ein *Motherfucker* in den USA alles sein, Eddie Murphy zeigt in dem Film „Raw" 1987 auf sein Haus: „Ich wohne in diesem Motherfucker!" Mit der Eigenschaft *mean* ist ein *Motherfucker* jemand, mit dem man sich besser nicht anlegt, mit *bad* ist es ein besonders mutiger Mensch und mit *tough* ist es ein *zäher Hund*. In Charles Bukowskis Gedicht „Tough motherfucker" ist es sogar ein besonders widerstandsfähiger Kater.

Der *Neger*

Auch *Neger* ist ein gefallenes Wort, bis in die 1970er Jahre war es in West- wie in Ostdeutschland die übliche und auch politisch korrekte Bezeichnung für Menschen dunkler Hautfarbe. Max Goldt hat sich 2001 in seinem Buch „Der Krapfen auf dem Sims" über das Wort *Neger* geäußert. Er zitiert einen rassistischen Nachbarn, für den es schon ein Fortschritt war, von der Beschimpfung *Bimbo* für Dunkelhäutige zu *Neger* zu wechseln. Dieser Nachbar sieht in diesem Wort nichts Abwertendes:

„Der Begriff *Neger* sei im Deutschen wertneutral, und diejenigen, in deren Ohren er einen schlechten Klang habe, würden ihn mit dem abschätzigen amerikanischen Wort *Nigger* verwechseln. *Neger* sei aber nicht über das Englische, sondern über das Französische in unsere Sprache gelangt, und im Französischen gebe es z. B. den Begriff *négritude*, der die Gesamtheit der kulturellen Werte Schwarzafrikas bezeichne und absolut positiv besetzt sei."

An eine solche Begründung kann ich mich von meiner Kindergärtnerin 1975 in Ludwigsfelde erinnern, die uns Kindern in Bezug auf die Bezeichnung *Neger* erklärte, dass man das nicht sage, weil es mit der Beschimpfung der Sklavenhalter gegenüber ihren Opfern *Nigger* verwandt sei.
Im deutschen Sprachraum gibt es keine mit *négritude* ver-

gleichbare Bezeichnung und das Wort *Neger* war in der Geschichte niemals positiv besetzt.
Im „Brockhaus Bilder-Conversations-Lexikon“ von 1839 liest man von „der sammtartig weichen, fettig anzufühlenden Haut“ der „Neger“ und dass sie dem gröbsten Aberglauben huldigen, indem sie unförmige Götzen und Fetische anbeten und zertrümmern, wenn ihre Wünsche unerfüllt bleiben:

„Im Allgemeinen spricht sich auch im Charakter der Neger jene Mischung von Regsamkeit und Schlaffheit aus, welche bei allen Südvölkern vorkommt. Sie lieben Tanz und Musik, in welcher letztern sie es jedoch nur zur Hervorbringung eines rohen Lärms mittels Trommeln, Hörnern und Blechinstrumenten gebracht haben; ihre Trägheit geht aber auch wieder so weit, daß sie dadurch unempfindlich scheinen. Ihr Ackerbau macht ihnen wenig Mühe, da die Natur das Meiste von selbst dabei thut.“

In „Meyers Konversations-Lexikon“ von 1897 liest man korrekt, dass sich das Wort vom lateinischen *niger* für *schwarz* ableitet, synonym für Nigritier und Äthiopier verwendet wurde und eine „Menschenrasse“ bezeichnet:

„Die meisten Neger haben hohe und schmale Schädel; dazu gesellt sich ein Vortreten des Oberkiefers und schiefe Stellung der Zähne. Den der Rasse eigentümlichen Geruch führt Falkenstein auf eine etwas öligere Beschaffenheit des Schweißes zurück, der bei unreinlicher Lebensweise leicht ranzige Säure entwickelt. Von Charakter sind die Neger heiter, eitel, gefallsüchtig, lügenhaft und sinnlich, aber auch in hohem Grade gelehrig. Musik lieben sie sehr, in Holzschnitzerei, Eisenbearbeitung und Töpferei haben sie es aber nicht weit gebracht."

Man bemerkt, wie die Bezeichnung *Neger* auch bei Wissenschaftlern untrennbar mit rassistischen Stereotypen verbunden war und zur Grundlage einer gepflegten Verachtung anderer Völker werden konnte.
Die heutige Biologie unterteilt den Menschen weder in Rassen noch Unterarten, weil es keinen Sinn hat. Die genetischen Unterschiede innerhalb von Völkern oder Nationen sind meist viel größer als zwischen ihnen. In der Wissenschaft also gibt es keine „Menschenrassen" mehr. Natürlich war weder 1850 noch später jeder ein Rassist, der „Neger" sagte. Spätestens seit der Nazi-Zeit gibt es den Gebrauch als Schimpfwort für *Sklave* oder für *Verrichter niederer Arbeiten*: „Ich bin doch nicht dein Neger!"
Im „Schimpflexikon" von Ludwig Kapeller kommt das Wort 1968 in diesem Sinne als abwertendes Synonym für *Ghostwriter* vor und wurde, glaubt man ihm, im Dritten Reich ironischerweise auf Autoren angewendet, die aus rassischen oder politischen Gründen nur für andere schreiben durften. In der DDR wurden *Negersänger* wie Paul Robeson, *Neger-Komponisten*, *Neger-Tenöre* oder *Neger-Volkslieder* offiziell gelobt und so von kommerziellen „Entartungen" wie Jazz

oder Rock'n'Roll unterschieden. In der Zeitschrift „Trommel“ für Thälmann-Pioniere wurde der aus Kuba stammende Comic über einen afrikanischen Rebellen unter dem Titel „Der Neger Nobi“ 1982 und 1989 gleich zweimal abgedruckt. Für die Sprache Westdeutschlands sei Rudi Dutschke zitiert, der im Oktober 1967 mit Kampfgenossen diskutierte:

„In Amerika ist ein Lotse in die Zukunft zu erkennen. Es gibt dort die radikale Negation in Gestalt der nationalen Minoritäten, der Neger. Das bedeutet Schaffung neuer menschlicher Beziehungen im Kampf, Organisierung der armen Neger, vielleicht auch Organisierung der armen Weißen; daraus entstehen wiederum spezielle Organisationsformen, die menschlicher sind, die vielleicht schon Bedürfnisse erfüllen, die bei uns verdrängt werden.“

Quoten-Neger ist die Beschimpfung eines dunkelhäutigen Schauspielers und unterstellt diesem, er würde nicht wegen seines komödiantischen Talents, sondern nur wegen seines Teints bevorzugt.

Seit ungefähr 1985 in Westdeutschland und seit ungefähr 1995 in Ostdeutschland allerdings sind es nur noch Rechtsextreme oder Menschen mit ausgeprägter Provokationslust, die Mitmenschen afrikanischer Herkunft als *Neger* bezeichnen.

Ausnahme sind die vor 1940 Geborenen und die Bevölkerung im ländlichen Raum, denen man zugutehalten kann, nicht

über die semantischen Entwicklungen der letzten drei Jahrzehnte informiert zu sein. Diese Entschuldigung gilt aber nicht mehr nach dieser Lektüre.
Bei deutschen Gerichten ist die Sache nicht umstritten, wer jemanden als *Neger* beschimpft, muss mit einer Strafe von knapp 2.000 Euro rechnen.

Das *Opfer*

Opfer, manchmal auch *Opfa* mit der Mehrzahl *Opfas* oder *Opfaz*, ist ein ziemlich neues Schimpfwort, die ersten Nachweise stammen aus der Zeit um das Jahr 2000. Sehr wahrscheinlich ist die Herkunft des Wortes aus dem Milieu von Kriminellen und Gewaltverbrechern im Gefängnis, die es nicht bei ihren Drohungen „Isch mach disch Krankenhaus!" oder „Isch mach disch Messer!" bewenden ließen.
Derjenige, der zum ersten Mal jemanden mit *Du Opfer!* herabgesetzt hat, war vermutlich ein junger Migrant aus der Türkei oder ein entsprechender Nachkomme – und sein Opfer ebenfalls. Es könnte sogar in Berlin gewesen sein.
Im türkisch- und arabisch-geprägten Kiezdeutsch ist *Opfas* auch ein Synonym für Deutsche. Während normalerweise Mitleid mit einem Opfer empfunden wird, drückt man mit *Du Opfer!* das Fehlen von Empathie und sogar Verachtung gegenüber einem Schwächeren aus. Der Sinn ist nicht anders als der von *Loser*, *Versager*, *Schwächling* oder *Weichei*.

Besonders infam wurde beim Gebrauch des Schimpfwortes das Fehlen von Ethik und Verantwortung empfunden, die normalerweise Opfern Solidarität und Hilfe sichern.

Der Rapper und „Neukölln Hustler" Mok, als Tarkan Karaalioglu 1976 im inzwischen hippen Bezirk geboren, besingt in dem Lied „Du Opfer" aus dem Jahr 2008 seinen Widersacher Bushido: „Du Opfer bist gar nichts, kein Hustler, kein Gangster." Große Angst brauchte Bushido aber vor Mok nicht haben: „Ich hab Ehre, ich hab Stolz, ich schlage keine Frauen." Noch größeren Schutz boten womöglich die wiederholten Gefängnisstrafen, die Mok wegen schweren Bandendiebstahls und Sachbeschädigung durch Graffiti-Sprayen absitzen musste.

In Potsdam lehrt und forscht Heike Wiese zu Grammatik und sprachlichen Variationen in deutscher und kiezdeutscher Sprache. In Kreuzberg, Wedding und Neukölln hat sie mit ihren Studenten die Sprache der Jugendlichen erkundet und war von den neuen grammatikalischen Phänomenen darin beeindruckt.

Sie glaubt nicht an eine Verarmung der deutschen Sprache, die viele befürchten, sondern ist sich im Gegenteil sicher, dass diese Jugendsprache unser Hochdeutsch befruchtet und bereichert. Unabhängig davon lässt sie sich sowieso nicht wirkungsvoll bekämpfen und erst recht nicht auslöschen.

Die Befürchtung, dass die Kinder von Migranten weder Deutsch noch die Sprache ihrer Eltern beherrschen, teilt sie nicht. Nicht ein einziges Mal ist sie in ihren Untersuchungen auf so jemanden gestoßen. Jeder Mensch erlernt als Kind die Muttersprache und unter Umständen noch mehrere andere von allein und automatisch. Heike Wiese warnt vor Panik. Sprache sei lebendig und formbar und Deutsch sei weder krank noch gefährdet und nicht von anderen Sprachen bedroht.

Schon im 17. Jahrhundert glaubte Gottfried Wilhelm Leibniz, die Deutschen ermahnen zu müssen, ihren Verstand und ihre Sprache besser zu üben: „Ich muß bekennen, es sei leider dahin gekommen, daß man vielleicht, so lange Deutschland steht, nie darin undeutscher und ungereimter geredet hat.“ Sogar in Büchern werde alles auf so erbärmliche Weise durcheinandergeworfen und die Verfasser würden wohl nicht einmal darüber nachdenken, was sie schrieben.

Diese und viele bis heute folgende Klagen, Ermahnungen und Warnungen vor dem Verfall der Sprache sind nach Wieses Meinung unbegründet, denn die Kiez-Sprache, auch *Kiezdeutsch* oder *Kurzdeutsch* genannt, sei nur ein Sprachregister von vielen, die Menschen in ihrem Leben erlernen, benutzen und auch wieder ablegen können.

Gerade die Beschimpfung *Opfer* ist ein Beispiel dafür, dass der ausländische Einfluss nicht zwangsläufig fremde Wörter ins Deutsche bringen muss, sondern deutsche Wörter kreativ verändern kann. Das Wort ist von den Kindern der Einwanderer ins Deutsche eingewandert, und wenn junge Deutsche ohne ausländische Vorfahren sich so anreden, ist die abwertende Bedeutung viel milder, ungefähr so wie *uncool*

oder *langweilig*. Als Begrüßung im Freundeskreis ist *Na, ihr Opfer!* freundlich-ironisch und löst niemals eine Messerstecherei aus.
Der Soziolinguist Norbert Dittmar hat sogar schon von *der Opfer* sprechen gehört und vermutet, das Wort habe dabei wieder eine neue Bedeutung gewonnen. Mehr wird man darüber erfahren, wenn man auf Fahrten und Wegen die Ohren offenhält.

Der *Quacksalber* und der *Scharlatan*

„Die Quacksalber auf dem Hopfenmarkt zu Hamburg oder auf dem Fischmarkt zu Frankfurt pflegen große Siegel und Briefe aufzuhängen und wollen damit beweisen, was sie vor große Thaten mit ihrer Salbe gethan haben." So schrieb der Satiriker und Prediger Johann Balthasar Schuppius im 17. Jahrhundert.
Der *Quacksalber* ist ein Kurpfuscher, jemand, der unbefugt ärztliche Praxis oder Heilkunde treibt, und, gegen einen Mediziner angewandt, ist es eine handfeste Beschimpfung. Eigentlich ist der *Quacksalber* ein marktschreierischer, seine Geschicklichkeit und Heilmittel öffentlich anpreisender Arzt und Salbenkrämer.
Andere Wörter dafür sind *Medikaster*, *Urinprophet*, *Barfußarzt* oder *Scharlatan*. Gerade der *Scharlatan* ist ein sehr enger Verwandter, eine Zusammenziehung der italienischen

Wörter *ciarlare*, also *schwatzen*, und *cerretano*, *Marktschreier*. Über *ciarlatano* und französisch *charlatan* kam er in unsere Sprache.

Aber zurück zum *Quacksalber*, über die Herkunft des Wortes gibt es zwei plausible Theorien. Nach der ersten stammt es von *Quecksilber* oder den daraus hergestellten Salben und Pflastern, die von den reisenden Heilkünstlern lautstark als Wundermittel gegen die grassierende Syphilis angepriesen wurden.

Die zweite, nicht weniger plausible Vermutung schreibt die Herkunft im 16. Jahrhundert dem niederländischen Wort *Kwakzalver* zu, das dieselbe Bedeutung hat. Es setzt sich aus *kwacken*, also *wie eine Ente schnattern*, *schwatzen*, *anpreisen*, *prahlen*, und *zalf*, *Salbe*, zusammen. *Salbari* war schon im Althochdeutschen der *Arzt*. Als *Quack*, *Quacksalver* oder *Quack Doctor* ist das Phänomen im englischen Sprachraum bekannt.

Der berühmteste deutsche Quacksalber ist Johannes oder Georg Faust, der im frühen 16. Jahrhundert auch als Astrologe und Zauberer bekannt war und von dem es bis heute heißt, er sei mit dem Teufel im Bunde gewesen und von ihm geholt worden.

Der älteste Beleg des Wortes stammt von 1570. Damals war *Quacksalber* noch keine Beschimpfung, sondern neutrale Bezeichnung für reisende Ärzte oder Apotheker. Mit großem Lärm, mit Feuerspeiern, Seiltänzern und Schauspielern zogen sie in die Städte ein, an ihren mehrstöckigen Bühnen hingen Ketten von Nierensteinen und gezogenen Zähnen. Sebastian Brant dichtete:

„Des Quacksalbers Praktik sei so gut, daß sie allen Siechtum heilen tut … Solch Narr kann dich in'n Abgrund stürzen, eh du's gemerkt, dein Leben kürzen!"

Wer aber der eigentliche Narr dabei war, ist offen. *Narrenstein* wurde ein Taschenspielertrick genannt, bei dem das Opfer in den Hals oder Kopf geschnitten wurde. Der Quacksalber holte scheinbar einen Stein aus der Wunde und zeigte ihn dem Malträtierten: Er sei nun endgültig von Schmerzen oder Dummheit befreit. Damit erging es dem Patienten noch recht glimpflich, denn erinnert sei an die Kurierung des fettleibigen Grafen Dedo II. Der Quacksalber schnitt ihm den Bauch auf, entfernte das Fett, kassierte und machte sich aus dem Staub, bevor der Graf starb.

Dem Wanderarzt Johann Andreas Eisenbarth legt ein Volkslied diese Verse in den Mund:

„Ich bin der Doktor Eisenbarth
kurier die Leut' nach meiner Art
Kann machen daß die Blinden gehn
Und daß die Lahmen wieder sehn"

Dr. Eisenbarths Truppe bestand aus über hundert Personen, das Spektakel lockte die Massen an und lenkte die Kranken von ihren Schmerzen ab oder wenigstens das Publikum von deren Schmerzensschreien. Auch chemische Zaubertricks und Dichtkunst kamen zum Zuge, der englische Arzt Dr. Williams heilte mit Reimen und Alliterationen. Blassen

Menschen empfahl er beispielsweise seine Pink Pills for Pale People.
Eine Annonce im Hamburgischen Correspondenten von 1768 wirbt für:

„Pillen, welche das Haupt und die Sinne stärken, vertreiben den Schwindel und migränische Hauptschmerzen, reinigen die Galle, verhindern die Neigung zur Melancholie, öffnen die Verstopfung, befördern den Auswurf und vertreiben alle überflüssigen Feuchtigkeiten des Leibes; sie sind vortrefflich für alle zukommende Unpässlichkeiten des schönen Geschlechts, und töten die Würmer."

Auch die Quacksalberin, ein Beispiel früher Gleichberechtigung, lässt sich schon 1673 bei Stieler in der Teutschen Sekretariat-Kunst finden: „Quacksalberin, verkauft ihr viel? Mich dünkt, um euch ist ein Gedränge."
Die fahrenden Quacksalber konnten aber, wie der berühmte Dr. Eisenbarth, durchaus über solide medizinische Kenntnisse verfügen und studierten Medizinern an praktischem Wissen deutlich überlegen sein. Erst recht waren sie quacksalbernden Laien überlegen, wie Christian Dietrich Grabbe, dessen Empfehlung gegen Selbstmordgedanken so lautete: „Wenn ich rathen dürfte, so würde ich mit acht bis zwölf Flaschen Wein dagegen quacksalbern."

Heinrich Heine fragte sich:

„Wo fließt das Wasser des Lebens? Wir suchen und suchen. Ach, es wird noch eine gute Weile dauern, ehe wir das große Heilmittel ausfindig machen; bis dahin muß noch eine lange schmerzliche Zeit dahingesiecht werden, und allerlei Quacksalber werden auftreten mit Hausmittelchen, welche das Übel nur verschlimmern."

Heute arbeiten Quacksalberinnen und Quacksalber hauptsächlich im Versandhandel und im Internet. Sie versprechen Heilung in ausweglosen Situationen oder ohne Nebenwirkungen. Man kann sie daran erkennen, dass sie ihre großen Erfolge nicht belegen können, dass sie umfangreiche Erfahrungen erwähnen, ohne dass es kontrollierte Studien gibt, oder daran, dass ihre Mittel bei verschiedenen, nicht zusammenhängenden Krankheiten wirken sollen.
Auch komplizierte Dosierungsvorschriften sind Anzeichen von Quacksalberei, oder wenn das Mittel seit Jahrzehnten erfolgreich angewandt, die offizielle Anerkennung jedoch verweigert wird.
Die Quacksalberei, vom mittelniederländischen *quacksalverye*, war als *Medizinalpfuscherei* auch Straftatbestand und bezeichnete die Ausübung ärztlicher Funktionen ohne staatliche Genehmigung. Seit 1869 brauchten im Deutschen Reich nur noch diejenigen, die sich ausdrücklich Ärzte nannten, eine Approbation. Allerdings ist das unbefugte Führen eines ärztlichen Titels bis heute strafbar.

Mutter der schmutzigen Worte: *Scheiße*

Bedeutung und Herkunft

Der Ausruf *Scheiße!* ist im deutschen Sprachraum das am häufigsten gebrauchte Schimpfwort. Dazu kommen noch seine Synonyme *Kacke*, *Dreck*, *Mist* und die vielen nahen Verwandten, wie *Scheiß*, *Schiss*, *Schitt*, *Schiet*, *Schiete*, und das aus dem Amerikanischen übernommene *shit* sowie die Hüllwörter *Scheibenkleister*, *Scheibenhonig*, *Scheibe* und *schade*. Dagegen hat *Scheißerle* oder *Scheißerl* eine zärtliche Bedeutung und bezeichnet ein kleines Kind oder ein Hundebaby. Genauso haben einige Verben, bei denen *scheißen* eine Vorsilbe hat, jeweils einen eigenen Sinn, so heißt *anscheißen* verpetzen, *bescheißen* betrügen, *zusammenscheißen* grob zurechtweisen, *verscheißern* ist veralbern und *zuscheißen* bedeutet überschütten oder korrumpieren: „Ich scheiß dich zu mit meinem Geld!" Gemeinsam ist den allermeisten Wörtern in diesem Zusammenhang die negative Bedeutung.

Scheiße ist eine Symptominterjektion, also ein Empfindungswort. Man ruft „Scheiße!" bei Problemen und Missgeschicken sowie als Ausdruck der Frustration. Aber auch als Umstandsbestimmung kommt es zum Einsatz, und zwar als Modalbestimmung, um zu erklären, wie etwas geschieht. Sogar als Adjektiv ist es zu benutzen, etwas *sieht scheiße aus*

oder jemand *ist scheiße* in der einfachen Bedeutung von *sehr schlecht*. Das muss keine Beschimpfung sein, denn wenn es jemandem *scheiße geht*, verdient er unser Mitleid.
Manchmal wird das Adjektiv ohne jegliche negative Bedeutung nur als verstärkendes Beiwort benutzt: „Du bist so scheiße gut!“ Ähnlich ist *Heiße Scheiße!* etwas Positives, eben *hot shit!*
Das Wort hat sich aus dem griechischen Wort *schistós* (*σχιστός*) abgeleitet: *gespalten* oder *geschieden*. Im Althochdeutschen hieß es *scîzata*; im Altnordischen ist *skítr* und im Mittelhochdeutschen ist *schizen* belegt. Das Verb *scheißen* ist seit dem 11. Jahrhundert gebräuchlich.
Scheiße und *scheißen* sind verwandt mit *scheiden* und *schneiden*, beim Wort *Ausscheidung* ist die Nähe heute noch offensichtlich, wie auch bei *Scheide*, *Scheidung*, *Scheit*, *Scheitel* und *Schiene*.

Die *Scheißerei*

So wie im Litauischen, in dem *skiesti* verdünnen und Durchfall bekommen heißt, wurde im Deutschen mit *scheißen* ursprünglich ohne vulgären Beigeschmack die Diarrhoe bezeichnet, so findet man in „Grimms Wörterbuch“ in diesem Sinne: „und hütt euch vor dem neuen Pier, daran trinkt man die Scheiszen schier.“ Frei übersetzt: „und hütet Euch vor dem neuen Bier, davon trinkt man sich schnell die Scheißerei." *Scheißerei* ist eines der vielen Synonyme für die flüssige, echte *Scheiße* wie *Dünnschiss*, *flotter Otto*, *flotter Heinrich*, *schnelle Kathrin*, *Renneritis*, *Dünnpfiff*, *Durchmarsch* oder *Scheißeritis*.

In Zusammensetzung bedeutet *Scheiß-* für den folgenden Wortteil, wie meistens als Adjektiv, *sehr schlecht*. Von *Scheißaas* über *Scheißdreck* bis zu *Scheißzyste* kann man so ziemlich jede Persönlichkeit, jeden Gegenstand oder Beruf mit dem Wort kombinieren. Nur bei einem *Scheißhaus* könnte anstatt eines üblen Gebäudes auch ein anderes gemeint sein, von dem der Volksmund dichtet:

„In diesem Hause wohnt ein Geist,
der jedem in die Eier beißt.
Mich hat er nicht gebissen,
ich hab ihm auf den Kopf geschissen."

Scheißdeutsch

Steht *-scheiß* in Zusammensetzungen hinter dem Wort, dann bedeutet es relativ wertneutral allerlei, *Gemüsescheiß* ist also nicht zwangsläufig ein misslungenes Gericht.

Ein Scheiß ist wie *kein Scheiß* schon lange die Bezeichnung für *überhaupt nicht*: „Das interessiert mich nicht einen Scheiß!" So schrieb König Waldemar IV. (ca. 1321 - 1375) den Hansestädten: „De Henssen vraghe yk nicht eyne Schyten", also:

„Die Hanse frage ich nicht einen Scheiß!" Mit *einem Scheiß* kann auch eine verächtliche Kleinigkeit gemeint sein. Viele Ereignisse und Worte verlieren sich im Dämmerlicht der Vergangenheit. Manche Redenwendung, wie folgende von Karl Simrock (1802-1876) überlieferte, ist uns auch nach Jahrhunderten noch verständlich: *Scheiße, sagte Cicero und verschwand im Nebel.*

Scheiße war und ist Bestandteil „in mannichfachen kräftigen redensarten", wie in „Grimms Wörterbuch" ausgeführt wird. So wird man *in die Scheiße* im Sinne von *in die Enge* getrieben. Über einen üblen Burschen heißt es: „He scholl wol schite freten." Und über einen übertrieben sparsamen Menschen: „Einen solchen schmutzigen Geizkragen nennt man daher einen Schitenfreter."

Das Verb *scheißen* oder *schyßen* wurde früher unbefangener gebraucht als heute. Ein Arzt fragte den Patienten nicht nach dem Stuhlgang oder der Verdauung, sondern ob man recht scheißen könne, Paracelsus schrieb 1589: „Ihr wisset, was digeriert zum Hirn, zum Haupt, zur Mutter, zum Scheißen und zum Seichen."

Im Fabelepos „Froschmeuseler" von Georg Rollenhagen heißt es 1595:

„Sprachet von ewer Sünd, und Schand, garstig, unfletig, unverschampt, von Huren Hendlen, Fressen, Sauffen, von Speyen, Scheißen, Schlagen, Rauffen." Wenn es für eine Angelegenheit schlecht stand, sagte man: „Scheißen steht im Calender."

Cacatum non est pictum

Für einen Gustav Gans, Hans im Glück oder sonstigen von Fortuna Begünstigten, dem Glück und Geld mühelos zufällt, wurde gesagt, er „scheiße im Schlafen". Warum? Das erklärte Friedrich Leopold Woeste 1882 in seinem „Wörterbuch der westfälischen Mundart": „glücklik de mensche dä im slåpe schitt, hä bruket nitt te drücken." Schrieb einem früher der Lehrer „cacatum non est pictum" unter die Lateinarbeit, war dies ein strenger Tadel und bedeutet, auf Deutsch gesagt: „Geschissen ist nicht gemalt." In seiner Übersetzung von François Rabelais' Gargantua heißt es bei Johann Fischart (1546/47-1591), dass jemand „meynt der Himmel hang voll Geigen glaubet gefarzt sey geschworen, geschyssen sey gemalt." Im gegenteiligen Sinn äußert sich ein Held bei Karl Friedrich Wilhelm Wander (1803-1879): „Schît de wand langst, segt Johann Schönfeld, brûkst kênen Maler."

Warum der Prophet im eigenen Land oder jedenfalls ein Heiliger, solange er noch lebt, wenig Wertschätzung erfährt, erklärt eine Wendung, die Sebastian Franck 1541 als Sprichwort anführt: „Man glaubt an keynen scheißenden Heiligen."

Ein *Wichtigtuer* ist ein *Dukatenscheißer* oder *-kacker*. Von jemandem, der zu nichts zu gebrauchen ist, wurde gesagt: „Man mag ihn hinspannen, wohin man will, so scheißt er auf die Deichsel!"

Scheiß drauf!

Verachtet man etwas oder jemanden, so *scheißt* man *darauf*, früher *schiss* man auch *in* die Gegenstände oder Persönlichkeiten seines Desinteresses *hinein*. Martin Luther warf dem Bauernführer Thomas Müntzer vor, „er wolt in Gott scheißen, wenn er nicht mit Jm redet wie mit Abraham und andern Patriarchen". In „Grimms Wörterbuch" ist auch eine Beschwerde über den Erzbischof von Mainz überliefert, weil dieser „dem Keiser in sein Kamergericht scheißt, der Stadt Halle die Freiheit" nähme und „dazu alle Welt und Vernunfft fur faule Arschwische helt".

Johannes Pauli (1455-1530) erzählt in „Schimpff und Ernst" die Geschichte einer analphabetischen Bäuerin, die einen Brief als Talisman gegen ihr Augenleiden um den Hals trägt, und erst ein Priester kann ihr vorlesen, was ihr in dem Schreiben gewünscht wurde: „der Hencker steche dir deine augen auß und der Teuffel scheiß dir in die lucken." Als sie den Brief daraufhin zerreißt, fangen ihre Augen prompt wieder an zu schmerzen.

Nicht viel feiner geht es in Andreas Gryphius' Lustspiel „Horribilicribrifax Teutsch" aus dem Jahr 1663 zu, in dem es zu einem bemerkenswerten Schimpfduell zwischen Sempronius und Cyrilla kommt. Es fallen dabei unter anderem die Worte *Schelm*, *Kuppelhure*, *Ehbrecher*, *Mägdehändlerin*, *Teuffelsfettel*, *Teuffelsbanner*, *Pileweissin*, *Hexenmeister*, *Furia* und *Hurenjäger*, bis Sempronius flucht: „Jch wil dir die

Nase abbeissen." Cyrilla kontert: „Jch wil dir die Augen außkratzen und in die Löcher scheissen." Bevor den Worten dann doch die Taten folgen, sich die beiden also prügeln, erwidert Sempronius noch: „Jch wil dir den Ars an deine Zunge wischen", und Cyrilla: „Jch wil dein Maul unter ein Scheißhaus nageln."

Ein *Scheißer*, besonders ein alter, ist ein kraftloser und unansehnlicher Mann. Wer Angst hat, *scheißt sich in die Hosen* und ist ein *Schisser*. Diesen Ausdruck für *Feigling* findet man beispielsweise in „Der Bauern-Spiegel oder Lebensgeschichte des Jeremias Gotthelf, von ihm selbst beschrieben" aus dem Jahr 1837: „aber die, wo am meisten brülle, die syge die ärgste schyszer, wes druf achom", also wenn es drauf ankommt.

Wenn man *in der Scheiße sitzt*, dann hat man Pech oder ist in einer Notlage. Wer durch die Scheiße gezogen wird, der wird verleumdet. *Mir ist das so Scheiße!* bedeutet *egal* oder eher *scheißegal*. Zu den vielen Ausdrücken und Redensarten, bei denen *Scheiße* für das Schlechte, Negative und Unsinnige steht und es verstärkt, gehören noch *Dem haben sie wohl ins Gehirn geschissen*. Vielleicht, weil er *Scheiße gebaut* hat. Wer *in die Scheiße greift*, trifft eine schlechte Wahl. Um deutlichzumachen, wie gut man, zum Beispiel in der DDR, ohne Westgeld und Material zu improvisieren verstand, wird gesagt: „Wir haben ja aus Scheiße Bonbons gemacht", wenn nicht gar Gold. Ohne Scheiß!

Der Matthäus-Effekt und der Papst

An Redewendungen mit dem Wort *Scheiße* ist die deutsche Sprache überreich. Der „Matthäus-Effekt" ist eine These der Soziologie, benannt nach den Worten aus dem entsprechenden Evangelium: „Denn wer da hat, dem wird gegeben, dass er die Fülle habe." Mit „Matthäus-Effekt" ist das Phänomen gemeint, bei dem Erfolge weitere Erfolge nach sich ziehen. Auf die deutsche Sprache angewendet, könnte es bedeuten: Weil es schon so viele Redensarten mit *Scheiße* gibt, werden es immer noch mehr. Der Volksmund kennt dafür ein drastischeres Sprichwort als das Zitat aus der Heiligen Schrift, und zwar: *Der Teufel scheißt immer auf den größten Haufen*. Diese Redensart lässt sich auch in umgekehrtem Sinn anwenden, auch Misserfolg oder Unglück ziehen mehr davon nach sich. Aber wer *bis zum Hals in Scheiße steckt*, sollte den Kopf nicht hängen lassen! Denn Glück ist wie furzen: *Erzwingst du es, kommt nur Scheiße raus!*

„Alles Scheiße, alles Mist, wenn du nicht besoffen bist." Die hinter diesem Zweizeiler stehende Philosophie ist nicht weit entfernt von der des Dude in dem Film „The Big Lebowski", denn als dieser gefragt wird: „Noch'n Drink?", ist seine Antwort: „Scheißt der Papst in' Wald?" Die Bedeutung dieser rhetorischen Frage ist ein sarkastisches Ja, sie wird angewendet, wenn sich diese Zustimmung eigentlich von selbst versteht. Es ist die provokantere Version aus „Scheißt der Bär in den Wald?" und „Ist der Papst katholisch?"

Dichtung und Wahrheit

Um Meister Adebar geht es in dem Gedicht „Der Beruf des Storches“ von Johann Wolfgang von Goethe, worin er allerdings das Verb *scheißen* lieber vom Leser formulieren lässt:

„Wodurch - gesagt mit Reverenz -
Kann er sein Recht beweisen?
Als durch die löbliche Tendenz
Aufs Kirchendach zu ....“

Stellvertretend für die unzähligen bekannten und unbekannten Kunst- und Volksdichter, die sich neben Goethe der *Scheiße* angenommen haben, sei an Waldemar Dyhrenfurth (1849-1899) erinnert, der im derben Briefwechsel mit Max Müller, genannt Stußmüller, über die Abenteuer seines Alter Egos Bonifazius Kiesewetter dichtete: „das alte Rübenschwein“. Viele von Dyhrenfurths drastischen Zeilen sind in den Volksmund eingegangen und werden im Normalfall ohne Quellenangabe zitiert. Sie sind grob, politisch unkorrekt und ungefähr auf dem Niveau von:
„Hast du Scheiße an der Spitze,
warst du in der falschen Ritze!“

Besagter Bonifazius Kiesewetter trieb es in der Wilhelminischen Zeit wild, sehr wild, er hatte öffentlich nicht nur mit seinen Mitmenschen beiderlei Geschlechts Sex, sondern auch mit Tieren, Gegenständen und sich selbst. Die deutsche Literatur verdankt ihm unsterbliche Gedichte:

„Bonifazius Kiesewetter war ein Schweinehund seit je.
Und so schiss er der Baronin heimlich in das Portemonnaie.
Hin zu einem Bücherladen lenkt sie ihren Schritt indes,
kaufte, da sie hochgebildet, etwas sehr Ästhetisches.
Als die Dame zahlen wollte, und sie zahlte stets in bar,
griff sie in die blanke Scheiße, was ihr äußerst peinlich war."

Den Versen fügte Dyhrenfurth jeweils eine Moral an, die für die obigen Zeilen lautete:
„Nur ungern nimmt der Handelsmann
statt baren Geldes Scheiße an."
Weder war Goethe der erste noch sind heutige Dichter ähnlicher Verse die letzten, die sich mit *Scheiße* beschäftigen. Wahrscheinlich wird Dyhrenfurths Lyrik immer wieder zitiert werden, zu der noch folgende bekannte Zeilen gehören:

„Scheiße auf der Friedhofsmauer
ist ein Zeichen echter Trauer."
„Scheiße im Trompetenrohr
kommt zum Glück nur selten vor."
„Scheiße in den Manteltaschen
hält die Kinder ab vom Naschen."

„Scheiße in der Lampenschale
gibt gedämpftes Licht im Saale."

Damit sei es nun aber wirklich genug der *Scheiße.*

Die *Schlampe*

Schlampe kam im 17. Jahrhundert als Bildung aus dem Verb *schlampen* auf. Das „Wörterbuch" der Brüder Grimm war das erste in der Geschichte, in das auch unfeine Schimpfwörter aufgenommen wurden. Eigentlich war die *Schlampe* oder auch *Schlumpe* „der schlotternde, unordentlich herabhängende Weiberrock".

Übertragen wurde das Wort auf Frauen, die „nachlässig gekleidet, unordentlich, schmutzig einhergehen, auch faul, nachlässig, müßig, mit schleppendem Gange einher gehen, lüderlich sich herum treiben: den ganzen Tag im Hause, auf der Straße herumschlampen."

Während der *Schlamper* nicht nur ein Mann, sondern auch ein unsittliches Weibsbild sein konnte, war die *Schlamperei* im 19. Jahrhundert ein „unordentliches, lüderliches Leben".

Die Radikalgraswurzelfeministin Jule definierte sich selber im Jahr 2000 als „Schlampe". Sie sei eine widerständig lebende und liebende Frau, die sich in ihren Beziehungen nicht an die herrschenden Normen anpassen wolle.

Die Beleidigung *Schlampe* bezeichnete in Haushalt und Kleidung nachlässige Frauen, bei denen man einen unsittlichen Lebenswandel mit vielen verschiedenen Geschlechtspartnern oder Prostitution unterstellte. Synonyme waren *Schlunze*, *Schluse*, *Vettel*, *Zottel*, *Lusche*, *Ruschel*, *Stranze*, *Strunze* oder *Schlampampe*.
Schlampampe für *altes Weib* ist eine Streckform von *Schlampe*. Frau Schlampampe wurde Ende des 17. Jahrhunderts die Heldin von zwei satirischen Lustspielen von Christian Reuter, dem Ururgroßvater des bekannteren plattdeutschen Dichters Fritz Reuter.
Wenn man dagegen um 1900 in Berlin *schlampampen* ging, bedeutete das *schwelgen*, und der Champagner konnte dabei zu *Schlampanjer* werden.
Als Joachim Ringelnatz 1920 „Spiegel und Lampe" dichtete, kam er auf die Verse:

„*Sie faule, verbummelte Schlampe,*
Sagte der Spiegel zur Lampe.
Sie altes, schmieriges Scherbenstück,
Gab die Lampe dem Spiegel zurück."

Nach ihrem Tode wurde auf Marlene Dietrichs Grabstein mit roter Farbe „Pelzschlampe" geschrieben. Inzwischen ist dieser Begriff keine Beschimpfung mehr, sondern die Selbstbezeichnung fellfetischistischer Männer und Frauen.
In der Jugendsprache muss *Schlampe* nicht abwertend sein, wovon sich vielleicht der Trend der *neuen Schlampen* ableitet.

Dies sei ein zeitgemäßer Frauentyp, war in den 1990er Jahren in Frauenzeitschriften zu lesen. Rosenstolz sang in diesem Sinne schon 1992 im Lied „Schlampenfieber“:

„Ich find es schön gut auszugehn
ach wie schön mich anzusehn
Lippen rot jetzt kann ich gehn
alle Männer solln mich sehn“.

1995 erreichten die Fabulösen Thekenschlampen, eine Frauenband aus Köln, einen Publikumserfolg mit ihrer CD „Titten, Theken, Temperamente“. Aber schon 1997 musste Rosenstolz eingestehen:

„Die Schlampen sind müde,
sie waren viel zu lange wach
Die Schlampen sind müde
wenn auch erst am nächsten Tag“

Feministische Kreise wollen das Wort zurückerobern und es von einer Beleidigung zu einer stolzen Selbstbezeichnung erheben, wie man im Juni 2015 im Berliner SO36 von Laurie Penny erfahren konnte. Ähnliches ist mit den früheren Beschimpfungen *Schwule* und *Lesben* bereits gelungen.
Seit 1999 gibt es die „Schlampagne“ lesbischer Frauen, die das Wort *Schlampe* positiv besetzen wollen und dabei irritierenderweise gegen die Homo-Ehe zu Felde ziehen. Die

Feministin Anna Kow schrieb 2011 in der Jungle World darüber:

„Die selbsternannten Schlampen forderten statt der Ausweitung der Eheprivilegien auf Homosexuelle eine Anerkennung vielfältiger Lebens- und Liebesformen, die oft auch innerhalb einer auf Normalität und Anpassung ausgerichteten Szene auf Widerstand stießen."

Nach Anna Kow ist die *Schlampe* Objekt der Verachtung und der Versuchung und verkörpert alles, was Frauen nicht sein sollen. Die *Schlampe* nimmt sich, was ihr nicht zusteht, ihr ist die eigene Lust wichtiger als die Moral. Der Hass auf die *Schlampe* speise sich aus der Empörung über die *Hure*, die es wagt, aus ihrem Frausein Kapital zu schlagen, und dem gekränkten Stolz des Mannes, dem das Begehrte verwehrt werden könnte. Dazu komme der Neid von Frauen auf die aggressive und promiske Sexualität, auf das Selbstbewusstsein trotz billigen Make-ups und Cellulite und auf den Genuss anstatt alltäglicher Pflichten.
Im Internet erläuterte rather_ripped: „Wenn wir auf einmal alle zu Schlampen werden, verliert die Fremdbezeichnung als Schlampe ihre Wirkungskraft." Nach Anna Kow werden, wenn es keine Heiligen mehr gibt, auch die Huren verschwinden.
Unwahrscheinlich ist es aber, dass *Schlampe* in absehbarer Zeit keine Herabsetzung mehr ist. Denn auch die stolzen

Schwulen, Queers und Lesben können immer noch mit diesen Bezeichnungen beschimpft werden.

Der *Schweinepriester*

Als die Gebrüder Grimm ihr „Wörterbuch“ schrieben, war *Schweinepriester* noch ein Schimpfwort für einen unreinlichen oder unanständigen Menschen: „So heisst man einen, der stark in unflätigen Reden ist, wol mit Bezug auf den Satz: Solch Volk muss solche Pfaffen haben.“
Seit dem 19. Jahrhundert wird *Schweinepriester* als Beschimpfung benutzt, während es davor Schweinehirten im Klosterdienst bezeichnete, zu deren Aufgaben auch die Kastration der Ferkel gehörte. Die Übertragung von der Berufsbezeichnung zum Schimpfwort ähnelt der von *Schweinerey* und *Sauerei*. Damit wurden ursprünglich die Schweinezüchtereien bezeichnet, die dann aber, ans Wort *Schmutzerey* angelehnt, für hygienisch oder moralisch unreinliche Zustände standen. Auch in Druckereien konnte es schlimm zugehen, Heinrich Heine schrieb 1854 aus Paris an seinen Verleger Julius Campe:

„Ich hatte in meinem letzten Brief, da die Post dem Abgang nahe war, keine Muße, Ihnen über die Schweinerey zu schreiben, welch in der Halleschen Druckerey zu walten scheint. Ich ließ Ihnen durch meinen Freund nur flüchtig wissen, dass von der 49ten Seite bis gegen Ende der 57sten Seite alles wieder abgedruckt worden, was schon in dem früheren Bogen, Seite 41 in der Mitte bis Seite 48 unten abgedruckt war."

Ähnlich der *Schweinerei* verlief die Karriere des *Schweinehundes*. Der *Schweinhund* war ursprünglich ein gemeiner Bauerhund, den der Schweinehirt bei seiner Herde hielt wie der Schäfer seinen Schäferhund. Doch schon in der „Oeconomischen Encyclopädie" von Johann Georg Krünitz erscheint Anfang des 19. Jahrhunderts die schimpfliche Bedeutung: „Figürlich und in der niedrigsten Sprechart, ein im höchsten Grade unreinlicher Mensch." Gleiches gilt auch für den *Schweinigel*. Ausgestorben sind die in diesem Zusammenhang zu nennenden Schimpfwörter *Schweinpelz* und *Saupelz* für jeweils eine höchst liederliche, unreine Person oder einen Trunkenbold.
Aber zurück zum *Schweinepriester*. 1915 erschien in Berlin „Der Schweinepriester", ein Lustspiel in vier Aufzügen von Hermann Essig (1878 bis 1918), in dem neben dem Pfarrer von Miesbach auch der gottlose Michel, der Büttel, der Schweineschlächter Seidenspinner, der Elefantenschmied, der Schnabelfatzer und Mischa, das Schwein, mitspielen. Der harte Umgang des Gottesmannes mit dem Paarhufer reißt seine Schäfchen zu dem Schimpfwort gegen ihn hin. Aber mit Mischas Schlachtung gibt es ein Happy End: „Die Betglocke läutet. Die Leute entblößen die Häupter zu einem stillen Gebet. In der Dunkelheit phosphoreszieren

die zwei Sauhälften wie um ein Kreuz." Essig musste seinen „Schweinepriester" im Selbstverlag veröffentlichen, obwohl der renommierte „Sturm" 1911 über ihn geurteilt hatte: „Man würde den Hermann Essig einen grausamen Psychologen nennen, [...] er kann noch da lächelnd geniessen, wo ein Strindberg tobt und anklagt."

Ein anderer Zeitgenosse schrieb zu dem Lustspiel: „Durch die dramatische Form werden ihre Begebenheiten zur unmöglichen Groteske. Die Form der Novelle hätte den Schweinepriester und die Pfarrsau vielleicht unsterblich gemacht."

Mit der Zensur geriet Essig wegen sexuell anstößiger und den Pfarrstand verhöhnender Stellen des Öfteren in Konflikt. Immerhin wurde er zweimal mit je einem halben Kleist-Preis geehrt.

Unter demselben Titel „Der Schweinepriester" erschien 1987 ein Comicalbum des französischen Zeichners Jean-Marc Reiser (1941-1983). Der *Schweinepriester* ist lediglich mit Zigarette und zu weiter Unterhose, im Schritt uringelb, bekleidet, durch deren Beinöffnung man die Eier sieht. Seine Vorlieben sind: furzen im Fahrstuhl, Popel essen, Blondinen an den Hintern und Blinden an den Sack greifen, vom Dreimeterbrett pinkeln, auf Erdbeeren niesen – und schon endet dies erfüllte Leben.

Zu Beginn des 21. Jahrhunderts ist *Schweinepriester* eine moderate, altbackene Beschimpfung, fast eine freundliche Bezeichnung für Personen, denen man nicht wirklich böse sein kann. So benutzte der SPIEGEL das Wort 2009 in der

Überschrift, um an den allseits beliebten Robert Lembke von „Was bin ich?" anlässlich seines 20. Todestages zu erinnern. Seit 2005 spiele ich Altherrenfußball in der deutschen Nationalmannschaft der Schriftsteller. Auch unser erster Trainer, Hans Meyer, gebrauchte bei der Fußball-WM der Schriftsteller 2005 in Italien das Wort zur Benennung der Schweden, die im Endspiel prompt 5:0 gegen Deutschland gewannen.

Schwuli, Schwulibert und *schwul Paketche*

Im Duden der Bundesrepublik Deutschland erschien das Wort *schwul* zuerst 1967, im Duden der DDR 1976, jeweils mit der Erklärung: „derb für: homosexuell".
Der Schweizer Bundespräsident Moritz Leuenberger würdigte 2001 die Schwulen- und Lesbenbewegung: ihrer Beharrlichkeit sei es zu verdanken,

„dass ich heute die Worte *schwul* oder *lesbisch* viel leichter über die Lippen bringe. In meiner Jugend waren dies obszöne Schimpfworte, und ich wunderte mich später darüber, dass Sie sich nicht einen anderen, weniger belasteten Namen geben. Heute muss ich Sie dazu beglückwünschen. Sie sind auf diese Weise zwar den schmerzlicheren Weg gegangen; aber Sie haben etwas in Bewegung gebracht. Sie haben Schimpf und Schande auf sich genommen, aber Sie sind daran, die

Worte *schwul* und *lesbisch* salonfähig zu machen; ich meine inhaltlich akzeptiert. Sie hätten auf eine politisch korrekte Bezeichnung ausweichen können, etwas Lateinisches oder Griechisches vielleicht?“

Einen homosexuellen Mann als *Schwulen* oder als *schwul* zu bezeichnen, ist seit Jahrzehnten keine Beleidigung oder Beschimpfung mehr, außer in Zusammensetzung mit *Sau*, *Hengst* oder im hessischen *schwul Paketche* (gesprochen: Pakétsche).
Die jugendsprachlichen *Schwuli* und *Schwuschi* erinnern zwar an Koseworte, wurden aber wie die schon um 1920 üblichen *Schwulibert* und *Schwulinski* herabsetzend gebraucht.
Das gilt auch für *Schwuletten*, Christian Kracht erzählt in „Faserland“ von einer Begegnung in Griechenland: „... plötzlich wird mir klar, daß ich mitten in einer Runde von ganz, ganz harten Schwuletten gelandet bin.“ Was er damit meint, beschreibt er ebenfalls: „Alle sind tiefbraun, einige haben ondulierte Haare und die meisten sind über vierzig. Sie haben die unmöglichsten Badehosen an, so Bänder, die hinten durch die Furche gezogen werden und vorne ein kleines Beutelchen haben.“
Nach „Die Richtigen Berliner in Wörtern und Redensarten“ von Hans Meyer bedeutete *schwul* Anfang des 20. Jahrhunderts nichts anderes als *schwül*, und in der Redensart *Ick bin sehre in Schwulibus* sind Schwierigkeiten gemeint. Anders sah es aber zu dieser Zeit schon in der Gaunersprache Rot-

welsch aus, Hans Gross erklärt schwul in der „Encyclopädie der Kriminalistik“ mit *Päderast*, und Hermann Paul in seinem „Wörterbuch“ mit *homosexuell*. Auch in der Wiener Prostituiertensprache der Zeit gab es ein sehr ähnliches Wort für dasselbe: *schwui*.

Im 17. Jahrhundert wurde das norddeutsche *swul*, verwandt mit *schwelen* bei drückender Sonnenhitze, ins Hochdeutsche übernommen, und im 18. Jahrhundert war es vermutlich der ähnliche Klang von *kühl*, der die Umformung zu *schwül* bewirkte.

Schwulität für *Schwierigkeiten* geht als Ableitung auf einen studentischen Scherz im 18. Jahrhundert zurück, Gottfried August Bürger schrieb:

„D‘rauf trabte der Kaiser mit Lachen von hinnen.
Das Pfäfflein zerriß und zerspliß sich mit Sinnen,
Kein armer Verbrecher fühlt mehr Schwulität,
Der vor hochnotpeinlichem Halsgericht steht.“

Schwul als ältere Variante von *schwül* verschwand seit der zweiten Hälfte des 18. Jahrhunderts aus der Schriftsprache, wurde aber gelegentlich für komische Wirkung verwendet. So beschrieb der Germanist Johann Christoph Adelung *schwühl* als „ein nur von der Luft und Witterung übliches Wort“, wohingegen *schwuhl* zu den „gemeinen Sprecharten“ gehöre: „Mir wird ganz schwul bei der Sache!“ Ernst Moritz Arndt dichtete 1860:

„September trüb und schwul
endet Leichen zu Tiefen,
weil zu dem Entenpfuhl
Wasser holen sie liefen."

Zur Bedeutungsübertragung im Sinne unseres heutigen Gebrauches für *homosexuell* war es zu dieser Zeit aber schon gekommen, wie der Germanist Paul Derks ausführt, der den Ausdruck in einer kriminologischen Abhandlung von 1847 gefunden hat und deshalb subkulturellen Gebrauch des Wortes vermutet.

Im 19. Jahrhundert wurde die Bezeichnung sowohl im Berliner Jargon als auch in der Gaunersprache Rotwelsch üblich. In „Das deutsche Gaunertum" von 1862 von Avé-Lallemant wird *Schwuler* erklärt: „der von stiller, ängstlicher, abmattender Wärme Ergriffene", *ο παιδεραστης* (*ho paiderastes*). Das Verb *schwulen* wird mit *παιδεραστειν* (*paiderastein*) erklärt. Damals wie heute kannten nur Kundige des Griechischen *Päderastie* als Fremdwort für die gleichgeschlechtliche Liebe. *Beschwulen* hat bei Avé-Lallemant dagegen die Bedeutung *hintergehen, betrügen*.

Auch der Sexualwissenschaftler Albert Moll wusste 1891 schon von *schwul* als Selbstbezeichnung für „Conträrsexuelle" Männer und Frauen, die ihre festen Beziehungen „schwule Ehe" oder „schwules Verhältnis" nannten. Es liegt sehr nahe, eine ähnliche Übertragung zu vermuten, wie sie in den Bezeichnungen *warm*, *Warmer* oder *warmer Bruder* stattgefunden hat für jemanden, der nicht kühl, sondern heiß für Geschlechtsgenossen empfindet, oder wenigstens warm, schwül und schwul.

Eine andere mögliche Herkunft legt das Wiener *gschwulsdd-ich* in der Bedeutung von *geschwollen* nahe, allerdings ist damit die Redeweise und nicht die Erektion gemeint.

Bis in die 1950er Jahre wurde *schwul* auch für lesbische Frauen verwendet, aus der Homosexuellen Aktion Westberlin bildete sich noch 1972 eine „schwule Frauengruppe". Von 2001 stammt die Single „Schwule Mädchen" der Hip-Hop-Band Fettes Brot. Selbst 2006 war noch ein Artikel der AG Lesbenrechte über die Diskriminierung lesbischer Schülerinnen mit „Bist du schwul oder was?" übertitelt.

Seit dem Ende der 1960er Jahre gibt es die Schwulenbewegung, die sich auch so nennt, seit 1985 in Berlin das Schwule Museum. Die wirkungsmächtigste Verwendung des Wortes gab es 1970 in dem Film „Nicht der Homosexuelle ist pervers, sondern die Situation, in der er lebt" von Rosa von Praunheim. Die Zeitungen wollten sich anfangs von der beleidigenden Verwendungsweise abgrenzen und setzten *schwul* in Anführungszeichen. Während die linksliberalen Medien die Bezeichnung häufig verwendeten, wurde sie von den konservativen vermieden.

Die Grünen-Abgeordnete Jutta Oesterle-Schwerin verwendete 1988 in Anträgen an die Regierung zur rechtlichen Behandlung homosexueller Paare das Wort *Schwule*. Daraufhin entrüstete sich im Bundestag Franz Wittman von der CDU über

das Wort und die „Verwilderung der Sprachkultur". Er warf der Politikerin vor, die der Gosse zugehörigen Vokabeln nicht nur zu verwenden, sondern sie auch noch genüsslich auszuwalzen. In Bundesdrucksachen und in der Parlamentsberichtserstattung seien die schlimmen Wörter aufgetaucht, was des „hohen Hauses unwürdig" sei. Bundestagspräsident Jenninger forderte die Abgeordnete auf, „Schwule und Lesben" durch die Wendung „Homosexuelle und Lesbierinnen" zu ersetzen, denn viele Kollegen würden den Begriff *Schwule* nicht als Bestandteil der Hochsprache ansehen. Oesterle-Schwerin blieb hart: „Eines werden sie auf jeden Fall nicht erreichen: Ich werde im Hohen Haus weiterhin von Lesben und Schwulen und nicht von homosexuellen Mitbürgern und Mitbürgerinnen reden." Trotzdem sprach sich der Ältestenrat mit breiter Mehrheit gegen die Verwendung des Wortes aus. Die CDU/CSU ließ sogar das Telefon des Schwulenreferats der Grünen Fraktion abschalten und die Bundestagsverwaltung weigerte sich, Anträge mit dem Begriff überhaupt auszudrucken. Um den wichtigen Antrag trotzdem einzubringen, verwendeten die Grünen die antiquierten Begriffe *Urning* und *Urninde*. Erst 1990 endete die rechte Zensur und die Grünen konnten verkünden: „Das Parlament erweitert seinen Sprachschatz."
Der Rest ist Geschichte, Klaus Wowereit gab 2001 als erster deutscher Spitzenpolitiker selbstbewusst bekannt: „Ich bin schwul – und das ist auch gut so!"
Heute ist *schwul* die allgemein übliche Selbstbezeichnung homosexueller Männer. Nur noch ältere Homosexuelle aus

der Unterschicht lehnen das Wort ab. Sicher auch, weil sie *schwul* mit *tuckig* oder *tuntig* assoziieren, wie es auch Filme wie „(T)Raumschiff Surprise" nahelegen: „Ich bin nicht schwul, ich bin homosexuell!" Vielleicht hat die Ablehnung damit zu tun, dass *schwul* in der heterosexuellen Unterschicht nach wie vor und in den letzten zehn Jahren zunehmend im Sinne von *schlecht, unangenehm, peinlich, langweilig, seltsam* und *enervierend* gebraucht wird: „Dieses schwule Buch!" Wenn etwas *schwul aussieht*, ist ein sehr unvorteilhafter optischer Eindruck gemeint und die Frage „Bis du schwul, oder was?" kann einfach bedeuten: „Geht's noch?"

Vom *Spießbürger* zum *Neospießer*

Ob die Eltern oder gleich alle Erwachsenen gemeint sind, ob man engstirnige und rückständige Menschen bezeichnen oder kleinliche und selbstzufriedene Zeitgenossen brandmarken will, auch wenn man einfach engherzige, beschränkte Kleinbürger charakterisiert, das Schimpfwort *Spießer* leistet dabei gute Dienste. Der *Spießer* ist geistig unbeweglich, den gesellschaftlichen Normen sehr stark angepasst und hasst Veränderungen der gewohnten Lebensumgebung.
In der Jägersprache bezeichnet man einen einjährigen Hirsch oder ein männliches Reh wegen der Geweihform als *Spießbock* oder auch *Spießer*. Aber das Schimpfwort leitet sich vom *Spießbürger* ab, das war ursprünglich ein bewaffneter

Bürger im Gegensatz zum *Pfahlbürger*. Das Wort *Pfahlbürger* stammt vom mittelhochdeutschen *paelburgere*. Die Pfahlbürger wohnten in der Vorstadt zwischen Stadtmauer und den Friedenspfählen der Stadtflur. Sie standen als Außenbürger und Schutzgenossen in einem bürgerrechtsähnlichen Verhältnis zur Stadt. Dagegen waren die Spießbürger mit dem Spieß bewaffnet und wohnten in der Stadt.

Der Spieß war im Hoch- und Spätmittelalter eine wirksame und preisgünstige Waffe gegen die adligen Ritterheere. Bis zur Einführung der Feuerwaffen waren die mit Spießen bewaffneten Fußgänger unverzichtbar bei der Verteidigung der Städte. In den Bauern- und Hussitenkriegen konnten Landarbeiter und Bürger gegen die adlige Kavallerie dank der Spießbürger so manche Schlacht gewinnen. Trotzdem blickten Adel und Berufssoldaten verächtlich auf die Spießbürger herab, nicht zuletzt deshalb, weil die Reicheren standesgemäß zu Pferde dienten.

Der *Speetbörger* als Spott, ähnlich wie *Schildbürger*, findet sich in Johann Carl Dähnerts „Platt-Deutschem Wörter-Buch“ von 1781. In Joachim Heinrich Campes „Wörterbuch der deutschen Sprache“, zu Beginn des 19. Jahrhunderts, ist der *Spießbürger* ein schlecht gekleideter Altfranke.

Jean Paul fand 1804: „Gleichwol wären wir vielleicht alle noch ernsthaft genug für einen oder den andern Spaß, wenn wir mehr Staat-bürger (citoyens) als Spießbürger wären.“

Nach Johann Christoph Adelungs „Grammatisch-kritischem Wörterbuch der Hochdeutschen Mundart“ von 1811 gebraucht man *Spießbürger* „nur im verächtlichen Verstande von einem jeden geringen Bürger, vielleicht weil man zu den Spießbürgern nur die ärmsten und untauglichsten wählete, dagegen die reichern bessern zu Pferde dieneten".

Heinrich Heine schrieb vom „gutmütigen, schwammbäuchigen Spießbürger", „mit Filzhut und Regenschirm", und von den „brillantesten Hochthaten jener guten Spießbürger der Tugend, die nur aus Pflichtgefühl handelten und nur den Gesetzen der Moral gehorchten".

Karl Ferdinand Gutzkow erwähnt 1851 „diese aalglatten Heuchler, diese doctrinair gewordenen Spießbürger". Vielleicht war es die Erinnerung an frühere Niederlagen, die *Spießbürger* für Adlige im 19. Jahrhundert zu einem Schimpfwort für kleinkarierte Bürger machte. War Karl Marx ein Revolutionär oder nur ein deutscher *Spießbürger,* der im Keller sein Dienstmädchen *gefickt* hat?

Seit dem frühen 20. Jahrhundert gibt es für *Spießbürger* die Kurzform *Spießer* und das Adjektiv *spießig* als Kampfbegriffe adliger Kreise gegenüber dem Bürgertum, welche später von fortschrittlichen und linken Gruppierungen gegen das sogenannte Establishment verwendet wurden.

Heinrich Mann schilderte 1918 eine solche Person in „Der Untertan" als autoritätshörigen Opportunisten, Mitläufer und Konformisten, als Stammtischagitator, Fabrikbesitzer und Familientyrannen.

In seinem Roman „Der ewige Spießer" versuchte Ödön von Horváth 1930 den in der Weltwirtschaftskrise nach dem

Ersten Weltkrieg modernen Typus des *deutschen Spießers* darzustellen, diesen „hypochondrischen Egoist, der danach trachtet, sich überall feige anzupassen und jede neue Idee zu verfälschen, indem er sie sich aneignet". Dieser *Spießer* reise in der Welt herum und würde doch nur sich selbst sehen, dabei wisse er ohne nachzudenken, was gut und böse sei.
Bodo Mrozek hat 2007 über den Begriff *Spießer* bei Spiegel Online in seiner Reihe „Das bedrohte Wort" publiziert, aus der später sein zweibändiger Bestseller „Lexikon der bedrohten Wörter" entstand. Für Mrozek sind der kurze Vorgartenrasen, Plüschtiere im Fenster, die persönliche Bürotasse, Gummibauminsel mit Zimmerspringbrunnen und Krawatte mit vermeintlich lustigem Motiv, zum Beispiel einer Comicfigur, äußere Anzeichen des *Spießers*, so wie Gartenzwerg, Pepitahütchen mit Gamsbart oder die gehäkelte Toilettenpapierhaube mit Bommel im Heckfenster des Automobils. Damit ist er nahe an der Beschreibung des Soziologen Gerhard Schulze von 1992:

„Über dem dicken gemusterten Teppichboden liegt ein anders gemusterter Zierteppich, darauf ein Spitzendeckchen, auf dem ein verschnörkeltes Glastischchen steht. Die zwei Etagen des Tischchens sind mit Brokatdeckchen belegt. Darauf silberne Untersetzer, dann eine Schicht Schnapsgläser, geschart um eine Kristallvase. Die darin stehenden Papierblumen füllen den Luftraum über dem Tischchen in seiner unteren Schicht, darüber hängt eine an der Zimmerdecke befestigte Blumenampel."

Linus Reichlin schrieb 1997 in der ZEIT über Entwicklungen in der Schweiz, die sich problemlos auf Deutschland übertragen lassen. Die Väter der 68iger seien die *Spießer* gewesen, die auf geblümten Sofas mit Plastikschutz saßen, „so daß es knisterte, wenn sie sich nach vorn lehnten, um die Stumpenasche abzustreifen." Ihre Söhne und Töchter dagegen hockten kiffend auf dem Boden und stritten sich mit dem Vater über die „Affenmusik".

Reichlin glaubt, und damit passt das Wort in Mrozeks Lexikon, dass man ein neues Wort für *Spießer* finden müsse, da das alte nicht mehr benutzt werde und die, die es bezeichnete, schon längst nicht mehr unter uns seien.

Schweizerisch heißt der neue Mensch *Neobünzli*, also *Neo-Spießer*, und sitzt auf einem ergonomischen Sofa mit Kissen aus Daunen glücklicher Hühner. Auf dem Balkon steht eine Cannabispflanze, deren Blüten der *Neo-Spießer* jährlich kappt, im Backofen trocknet und dann in einem Einmachglas auf dem Küchenregal sichtbar für Besucher aufbewahrt. Der *Neobünzli* lehnt Computer ab und schwärmt für die Natur. „Seinen Kindern verbietet er das Wort *Jugo* und hält ihnen abendfüllende Vorträge über die Gleichheit aller Menschen, bis die armen Kleinen im wabernden Mief aus Selbstgerechtigkeit und Sozialkitsch nach Luft schnappen." Der *Neobünzli* sei in seiner eigenen Toleranz, Ausländerfreundlichkeit und Frauenquotenbefürwortung so rustikal eingerichtet wie sein Vater. Adolf Muschg, Jürgen Fliege und Peter Handke verströmen, nach Ansicht des Schweizers,

einen „starken neobünzligen Geruch“. Allerdings werde man die Bewegung nicht aufhalten können, denn ihre Vertreter hockten schon im Bundestag. Noch ist das neue Wort nicht geprägt, immerhin verstehen inzwischen die meisten Deutschen, was mit *Bionade-Biedermeier* gemeint ist.
Mit der Aufforderung „Werden Sie Neo-Spießer!“ glaubte die tageszeitung, neue Abonnenten gewinnen zu können, und bezog sich dabei auf eine Artikelreihe über die „Neue Bürgerlichkeit“. Wer unsicher war, ob er *neospießig* genug für die taz sei, konnte 2006 den taz-Selbsttest „Sind Sie ein Neospießer?“ absolvieren und auf die Frage „Und wie steht es mit Migranten?“ als *Neo-Spießer* antworten:

„Unter uns wohnt eine türkisch-deutsche Familie. Manchmal kochen wir zusammen und tanzen Volkstänze. Das macht großen Spaß. Ich spreche auch etwas Türkisch. Aber seit ich der Tochter erklärt habe, dass sie keinen Schleier tragen darf, weil sie sonst unterdrückt wird, ist der Kontakt mit den Eltern etwas abgekühlt.“

Das Gegenteil des *Neo-Spießers* ist derjenige, der so schnell wie möglich wegziehen möchte, weil er sich über die Schafwolle in seinen Geranien ärgert und über die türkischen Jungmänner, die ihre Sonnenblumenkernschalen auf den Boden rotzen.
Spießer wird seit den 1980er Jahren zunehmend ironisch verwendet. Die kostenlose Jugendzeitschrift SPIESSER aus

Dresden gibt es seit 1994. Auch hier wird die Bezeichnung eher in Frage gestellt, außerdem wollen die Nachwuchs-Journalisten Themen aufspießen, so wie seinerzeit die Spießbürger die Adligen. Dem Blatt wurde schon Vermischung von redaktionellem Inhalt und Werbung vorgeworfen, eine Gefahr für jede Zeitung. Michael Ebert von der Konkurrenz Neon riet dem SPIESSER 2006, sich zu entscheiden, ob er ein werbefinanziertes Kostenlosblatt sein wolle oder eine vollwertige Zeitschrift. Seit 2007 kommt ganz Deutschland mit 500.000 Exemplaren in den Genuss des Magazins und die Onlineausgabe gibt es seit 2006: spiesser.de.
Mit Musikdownloads und täglicher Aktualität soll die Altersgruppe zwischen 16 und 22 Jahren angesprochen werden, die Nutzer können sich aktiv mit eigenen Beiträgen und Fotos am Online-Magazin beteiligen. Die Artikel handeln von Ausbildung, Führerschein, Studium oder der ersten eigenen Wohnung und sind meist von Jugendlichen selber geschrieben. Für Jugendliche ist *Spießer* trotz der journalistischen Schützenhilfe heute eine nur noch selten gebrauchte Bezeichnung für Erwachsene, die übergenau den Regeln folgen.

Der *Spitzbube*

Mit *Spitzbube*, die weibliche Form ist *Spitzbübin*, wurden und werden *lose, durchtriebene Menschen*, *Zechpreller*, *Beutelschneider*, *Falschmünzer*, *Wechselfälscher*, *Kleinkriminelle*,

Schlingel, *Ganoven* und alle bezeichnet, die sich durch listige und betrügerische Schlauheit rechtswidrige Vermögensvorteile verschaffen. Auch Männer, die Frauen betrügen oder sie sitzen lassen, werden so genannt.

Nicht auszuschließen ist, dass sich das Wort von *spitz* für *klug*, *schlau*, *trügerisch* gebildet hat. Die Beschimpfung *Spitzbube* für einen schlauen Betrüger oder Dieb ist seit dem 16. Jahrhundert nachweisbar. Lokale Varianten waren unter anderem *Spitsbauwe*, *Spitzbowe*, *Spitsboef*, im Dänischen gab es den *Spidsbube* und im Schwedischen den *Spetsbof*. Für Erasmus Alberus (1500-1553) war der *Spitzbube* 1540 ein Possenreißer, ein „Mensch der viele Narreteydig treibt".

Es wird vermutet, dass sich das Wort vom *Spießbuben*, dem Waffenträger eines Ritters, abgeleitet hat. Allerdings ist *Spießbube* nicht für einen Speerträger oder Landsknecht belegt, im Gegensatz zum *Spießgesell*. Der vielleicht wichtigste Mundartforscher des 19. Jahrhunderts, Johann Andreas Schmeller (1785-1852), führt in seinem „Bayerischen Wörterbuch" den mit *Spießbube* gleichbedeutenden *Spießjungen* an. Nach einer weiteren Theorie ist der *Spitzbube* nichts anderes als der *Spitzknecht*, also der Landsknecht mit Spieß. In Thomas Müntzers „Fürstenpredigt" von 1524, beim Übergang vom Mittelalter zur Neuzeit, werden *Spitzknechte* mit ungläubigen Türken, Heiden und Juden gleichgesetzt, deren „unaussprechliche Bosheit zu strafen und zu schwächen" sei. Auch in Jost Ammanns (1539-1591) „Kriegsbuch" von 1560 erscheinen die *Spitzknechte* als Maulhelden, Spieler und Galgenvögel.

Für Schriftsteller von Hans Sachs (1494-1576) bis Gotthold Ephraim Lessing (1729-1781) waren *Spitzbuben* hauptsächlich Falschspieler, vielleicht weil die Landsknechte als leidenschaftliche Spieler bekannt waren.
In diesem Sinn schrieb auch Martin Luther über Ketzer: „Denn gleich wie die Spitzbuben die Würffel meistern, das sie tragen müssen, was sie wollen, also würffelspielen die Rotten und Ketzer mit der Heiligen Schrifft." An anderer Stelle heißt es beim Reformator: „Das Wörtlein Schalkheit, im Griechischen, heißt kybia, auf Deutsch Würfelspiel oder Spitzbüberei."
In Friedrich von Schillers Drama „Die Räuber" behauptet ein Protagonist 1781: „... einen honetten Mann kann man aus jedem Weidenstotzen formen, zu einem Spitzbuben will's Grütz — auch gehört dazu ein eignes Nationalgenie, ein gewisses, daß ich so sage, Spitzbuben-Klima."
Abgeleitet von *Spiz* fürs männliche Begattungsorgan, wurde mit *Spizbueb* in der Schweiz auf den Penis angespielt. Ein *Spitzbueb* ist in der Alpenrepublik aber auch ein Mürbeteiggebäck, durchaus geeignet für die Weihnachtszeit, durch dessen obere Teiglage ein freundliches, an einen Smiley erinnerndes Gesicht aus Konfitüre strahlt. Als *Spitzbuben* kennt man diese Marmeladenplätzchen auch in Schwaben, dort sind es eher geometrische Formen, durch die rote Süßigkeit scheint.
Der Teig ist, wie in Oberschwaben gesagt wird, *malefizig*, also bröselt, bröckelt und tut nicht, was er soll. Es sei also

genauso schwierig, glaubt man dort, *Spitzbuben* zu backen wie sie zu erziehen.
Marcel Reich-Ranicki beschimpfte nach dem Mauerfall in der Frankfurter Allgemeinen Zeitung Stephan Hermlin als „Spitzbuben", 1994 sagte er allerdings in einem Interview, dass ihm diese Beleidigung leidtue.
Das zugehörige Adjektiv *spitzbübisch* ist positiv besetzt und bedeutet eher *listig*, *schlau*, *smart*, *verschmitzt*, *schalkhaft* und *schelmisch* als *diebisch* oder *betrügerisch*. Es ist von der freundlicheren Bedeutung des Wortes *Spitzbube* abgeleitet, welche es hat, wenn man einen kleinen Jungen so nennt. Damit beschimpft man keinen Gauner, sondern bezeichnet einen *Frechdachs* oder *Schelm*.
Herbert Pfeiffer hat 1996 ein *Schnaderhüpfel* in sein „Großes Schimpfwörterbuch" aufgenommen:

„Mein Vater ist ein Spitzbub,
meine Mutter hat gestohlen,
mein Bruder sitzt im Zuchthaus,
und mich wer'n se bald holen."

Der *Spitzel*

Mit *Spitzel* beschimpft man einen Denunzianten oder Zuträger, der gegen Belohnung Polizei oder Geheimdienst Informationen liefert. Er steht im gesellschaftlichen Ansehen unter dem Spion und sogar noch unter dem Verräter, hat der *Spitzel* doch niemals die Ideale seiner Opfer geteilt.

Gegenwärtig bezeichnet man zum Beispiel V-Leute so, die Informationen aus dem Rotlichtmilieu, der organisierten Kriminalität und dem links- oder rechtsextremen Umfeld liefern.

Spitzel stammt von dem nicht sonderlich beliebten Hund Spitz, der seinen Namen wiederum seiner spitzen Schnauze und den spitzen Ohren verdankt. Seit dem 18. Jahrhundert ist diese pommersche Rasse bezeugt. Anfang des 19. Jahrhunderts wurde in Rotwelsch *Spitz* für den Polizeiagenten benutzt, wobei das mittelhochdeutsche *spitzen* für *lauern* oder *seine Sinne auf einen Punkt richten* eine Rolle spielte.

In Matthias Höfers „Etymologischen Wörterbuch der in Oberdeutschland, vorzüglich aber in Oesterreich üblichen Mundart“ tauchte 1815 Spitzel auf als „ein Späher, welcher das, was andere thuen, einem Vorgesetzten heimlich zuschwätzet“. Mitte des 19. Jahrhunderts fragte Berthold Auerbach sich und seine Leser: „Wem wäre das heutige Wien nicht lieber, als das alte mit seinen Spitzeln und seinen Praterfahrten?“ Ähnlich heißt es im Frankfurter Journal 1871: „Nichts steht aus der Reaction der 50er Jahre bei dem Deutsch-Österreicher, und namentlich bei dem Wiener, in so entsetzlicher, in so finsterer Erinnerung, als das officielle politische Spitzelthum.“ Von Österreich und Bayern eroberte das Wort seit Mitte des 19. Jahrhunderts den deutschen Sprachraum. Hebbel schrieb 1853 in seinem Tagebuch:

„Mein Schwager hört von meiner Bekanntschaft mit Hirsch und fragt mich auf einmal, weil er glaubt, dieser habe etwas mit der Polizei zu thun, angelegentlich und ernsthaft, ob er durch ihn nicht als geheimer Agent (vulgo Spitzel) empfohlen werden könne."

Der *Lockspitzel* für einen Agenten, der aufwiegelt und zu Straftaten anstiftet, ist eine Verdeutschung des französischen *agent provocateur* vom Schriftsteller Karl Henckell. 1888 veröffentlichte er in der Züricher Post sein „Lockspitzellied", darin heißt es:

„Spitz, spitz: die Ohren aufgeknöpft!
Horch, horch nach links und rechts!
Bum, bum! *Und alles wird geköpft*
Tyrannischen Geschlechts!
Fällt mir dann so ein Tölpel 'rein
Und brüllt: *Den Teufel – ja!*
Das muß ein Anarchiste sein,
Ein Anarchist, hurra!"

Ob Erich Maria Remarque in „Arc de Triomphe" 1946 den französischen Hotelangestellten Gerechtigkeit widerfahren ließ, ist unwahrscheinlich, denn er schrieb: „Portiers in Frankreich sind alle Polizeispitzel."
Ein bemerkenswertes Beispiel für einen Spitzel in zwei deutschen Diktaturen ist der Arzt Paul Reckzeh. Als Ge-

stapo-Spitzel lieferte er Berichte über Mitglieder einer Widerstandsgruppe ab, wodurch über siebzig Personen verhaftet und viele von ihnen ermordet wurden. Durch die Stasi vor Nachforschungen geschützt lebte er in der DDR, wo er 1978 seine Tochter, die nach Westdeutschland fliehen wollte, an den Geheimdienst verriet.

In den Jahren nach der friedlichen Revolution von 1989 wurden Stasi-Spitzel zum großen Politikum. Ungefähr 200.000 „Informelle Mitarbeiter" gab es in der DDR. Dass sie überwiegend sehr nett waren, hat ihre Opfer nachträglich besonders verärgert. Dabei gehören Eigenschaften wie Geselligkeit, Kommunikationstalent, die Fähigkeit zuzuhören, sogar eine gewisse Gutmütigkeit zu jedem guten Spitzel. Dagegen sind die undurchsichtigen, komischen und sonderbaren Gestalten, auf die zuerst der Verdacht fällt, für eine erfolgreiche Tätigkeit als Spitzel ungeeignet.

Weder historisch noch juristisch lässt sich das Phänomen fassen. Politische Idole der Wende, wie Ibrahim Böhme und Wolfgang Schnur, mussten wegen entsprechender Vorwürfe zurücktreten. Der beliebte Radiomann Lutz Bertram durfte nicht mehr moderieren, Gerhard Gundermann wurde nicht mehr gespielt. Andere, wie Lothar de Maiziere, Manfred Stolpe oder Andreas Schmidt-Schaller, erlitten keine Karriereknicks.

Gregor Gysi wurde von der rechten und konservativen Presse besonders übelgenommen, dass er sehr erfolgreich gegen die Bezeichnung als „Stasi-Spitzel" vor Gericht ging. Seine frühere Mandantin Bärbel Bohley, die sich von ihm verraten fühlte, nannte ihn daraufhin zur Vermeidung horrender Strafzahlungen „Stasi-Spritzel". Dagegen ist bisher juristisch nichts einzuwenden.

Terroristen, *Schreckens-* und *Angstmänner*

Wer Terror verübt, um politische Ziele zu erreichen, ist ein Terrorist. Allgemeiner kann auch jeder Mensch so bezeichnet werden, der Schrecken hervorruft.
Der Sprachwissenschaftler Andreas Musolff hat 1996 in seinem Buch „Krieg gegen die Öffentlichkeit" die politische Wortgeschichte von *Terrorismus* und *Terroristen* nachgezeichnet. Er konnte das französische Wort *terrorisme* sowie die Ableitungen *terroriste* und *terroriser* bis zurück ins Jahr 1794 nachweisen.
1793 rief Danton in Angst um die Erfolge der Revolution: „Meine Meinung ist, dass man den Royalisten Furcht einjagen soll, wenn man ihre Maßregeln vereiteln und das Vordringen des Feindes hemmen will."
Nach Joachim Heinrich Campe war *Terrorismus* ein „in dem gräßlichsten Zeitraume der Franz. Staatsumwälzung" aufgekommener Ausdruck, um „die Herrschaft des Schreckens oder durch Schrecken; also die Schreckensherrschaft zu bezeichnen".

Terrorherrschaft, oder einfach nur kurz *la Terreur*, nannte man den Schrecken der Französischen Revolution ab Juni 1793. Die Revolutionäre oder Schreckensmänner Danton und Robespierre wurden im Deutschen erst als *Sanscülotten*, dann zunehmend als *Terroristen* bezeichnet. Seinen Höhepunkt erreichte der Schrecken mit dem „Großen Terror" im Juni und Juli 1794. Standesgemäß endete „La Grande Terreur" mit der Verhaftung und Hinrichtung Robespierres, für den *terreur* eine Tugend war.

Seit dem Sturz der Jakobiner wurden sie und häufig alle anderen Revolutionäre als *Terroristen* stigmatisiert. In der Zeitschrift Minerva von 1795 hieß es als Erklärung für die deutschen Leser:

„Terrorisme: wird von der Zeit gesagt, da die Mitglieder des Wohlfahrtsausschusses auf der Rednerbühne immer die Worte im Munde führten: il faut mettre la terreur à l'ordre du jour", also: „Wir müssen den Terror auf die Tagesordnung setzen". Ein *Terroriste* sei „einer, der das Schreckenssystem befördert hat". Die Vossische Zeitung aus Berlin benutzte das Wort im selben Jahr schon in der eingedeutschten Form:

„Die Anzahl aller seit dem 20sten Mai hier arretierten Jakobiner oder Terroristen wird schon auf 8 bis 10000 angegeben. Die Herrschaft dieses Gesindels ist jetzt, Gottlob! zu Ende, und der ehemals so beliebte Name Sanscülotte ist ein Schimpfnahme geworden."

Die Schweizer Zeitschrift Klio verwendete noch im selben Jahr 1795 die Eindeutschung *Terrorismus* für *terrorisme*.
Im Revolutions-Almanach von 1796 wird *Terrorism* als Modewort für Dinge oder Personen bezeichnet, die schon zu schwarz seien, als dass sie noch geschwärzt werden könnten.
Immanuel Kant nahm 1798 trotz der Greuel mit einer „an Enthusiasm grenzenden Teilnehmung" für die Französische Revolution Stellung. Rückgang zum Ärgeren bezeichnete er als „moralischen Terrorismus". Mit dieser Sichtweise und Verwendung des Wortes *Terrorismus* blieb er aber allein und konnte sich nicht durchsetzen.
Er stellte die „erneuerte Frage: Ob das menschliche Geschlecht im beständigen Fortschreiten zum Besseren sei?". Ein Kapitel dieser Schrift handelt von der „terroristischen Vorstellungsart der Menschengeschichte". Kant konstatierte eine grundsätzliche Tendenz zum Guten in der Französischen Revolution. Mit einer republikanischen Verfassung sei „eine Anlage und ein Vermögen in der menschlichen Natur zum Besseren aufgedeckt" und bewiesen, „dass das menschliche Geschlecht im Fortschreiten zum Besseren immer gewesen sei, und so fernerhin fortgehen werde".
Wieland schrieb 1799, dass bei den Regierenden „Kunst, Vorsicht und Festigkeit nöthig" seien, aber damit würden sie „nicht auslangen, wenn sie nicht die Klugheit hätten, den übrigen Ingredienzien ihrer Staatsverwaltung immer noch ein Wenig Terrorism beizumischen."

Schon Macchiavelli war überzeugt, ein Herrscher sei viel sicherer, wenn er gefürchtet, als wenn er geliebt werde.
Für Heine waren Richelieu, Robespierre und Rothschild *terroristische* Namen für die Vernichtung der alten Aristokratie. 1834 schrieb er: „Wenn aber Immanuel Kant, dieser große Zerstörer im Reiche der Gedanken, an Terrorismus den Maximilian Robespierre weit übertraf, so hat er doch mit diesem manche Ähnlichkeiten, die zu einer Vergleichung beider Männer auffordern." Ehrlichkeit und Misstrauen fand Heine bei beiden, nur wende sich Kant kritisch gegen Gedanken, während Robespierre mit republikanischer Tugend gegen Menschen angehe. „Spießbürger" aber seien sie beide gewesen. Jean Paul übersetzte *Terrorist* als *Angstmann* zurück ins Deutsche, denn so werde in Teilen Deutschlands der Henker genannt. Hegel sah den Menschen in Roheit, Begierde, Unrecht, kurz: im Bösen gefangen, aber er sei von der Kirche draus befreit worden:

„Die Kirche hat den Kampf mit der Wildheit der rohen Sinnlichkeit auf ebenso wilde, terroristische Weise bestanden, sie hat sie durch die Kraft der Schrecken der Hölle zu Boden geworfen und sie fortdauernd unterworfen gehalten, um den wilden Geist zur Abstumpfung zu bringen und zur Ruhe zu zähmen."

Hegel bevorzugte statt des Wortes *Terrorismus* die Metapher *Furie des Verschwindens.*

Für Karl Marx hatte die Bourgeoisie die „Guillotine der Terroristen" siegreich überwunden. Seit Mitte des 19. Jahrhunderts wurden Kommunisten, Anarchisten, Sozialdemokraten oder Mitwirkende in Befreiungsbewegungen als „Terroristen" beschimpft. Allerdings wurde *Schrecken* weiterhin gleichberechtigt neben *Terror* verwendet. Im „Staats-Lexikon" von 1843 steht:

„Noch zu allen Zeiten haben Staatsgewalten, welche sich in ihrem Bestande nicht sicher wußten, durch unrechtliche Mittel ihre Macht zu festigen und die Erreichung ihrer Zwecke zu erleichtern gesucht. Unter diesen Mitteln waren die wirksamsten diejenigen, welche mit der Gunst für die Freunde die werkthätig gemachte Abneigung gegen die Gegner verbanden und in ihren höheren Graden als Gewaltmaßregeln, den Gemüthern Furcht und Schrecken (terror, daher Terrorismus) einzujagen, sich darstellten."

Glaubt man diesem Nachschlagewerk, so ist der Terrorismus der Revolutionen grausamer als der der Reaktion.

Terroristen im 20. Jahrhundert

Für Mommsen war in seiner „Römischen Geschichte" sogar Cäsar ein Kämpfer gegen den Terrorismus. Klabund fand 1922, dass Schillers „Tell" den politischen Meuchelmord verteidige und für eine Festvorstellung vor Terroristen bestens geeignet sei. Die Jugend zwischen 1911 und 1918 sei Krieger und Revolutionär gewesen, aber wenn sie an die Macht gelange, nutze sie dieselben Mittel: Terror, Maschinengewehr, Diktatur.

Arthur Holitscher schrieb 1921 über Sowjet-Russland sowie den roten und weißen Terror und relativierte beide stark:

„Im Wort Arbeitgeber steckt Terror, wie im Wort Kapitalismus überhaupt. Die Selbstherrlichkeit der Anstifter des Weltkriegs, um nur eine seiner letzten geschichtlichen Phasen zu nennen, hat den Terror der Zwangsmaßnahmen gegen Leben, Freiheit und Gewissen der Völker in einem bisher ungekannten Maßstab und Zynismus gebraucht."

Den „roten Terror" sah Holitscher als notwendigen Selbstschutz. Es bestehe kein Unterschied zwischen Volksheer und einer „terroristischen Regierungsbehörde", denn beide beseitigten ihre Feinde.

Churchill befahl 1940 *terroristische Aktionen* durch Partisanen seiner Special Operations Executive gegen Deutschland. Hitler war ohne Zweifel der schlimmere Terrorist. Die Angriffe auf deutsche Städte wurden von den Nazis als „Luft- und Bombenterror" oder allgemein als „Terrorangriffe" bezeichnet, die mit „Gegenterror" beantwortet werden müssten. Dass auch in anderen Gegenden der Welt Terroristen Staatschefs werden konnten, zeigten Muammar al-Gaddafi in

Libyen oder Menachem Begin in Israel. Je nach politischem Standpunkt sind sie entweder Terroristen oder aber Freiheits- und Friedenskämpfer. Jassir Arafat und Nelson Mandela bekamen jeweils den Friedensnobelpreis verliehen, doch für ihre Gegner waren sie Terroristen.

Auch dem kolumbianischen Präsidenten Juan Manuel Santos wurde der Friedensnobelpreis verliehen, obwohl ihm die Ermordung von tausenden Gewerkschaftern, Bauern, Menschenrechtlern und Journalisten vorgeworfen wird.

Die Zeitung Neues Deutschland schrieb 1954 anlässlich der Verhaftung von Kommunisten in der BRD von „Gestapo-Terror über Westdeutschland".

Demonstrationen der Außerparlamentarischen Opposition (APO) waren für Kurt-Georg Kiesinger 1966 „Terror der Straße". Hans Magnus Enzensberger war eigentlich für die APO zu alt, aber er sympathisierte mit der Studentenbewegung, vielleicht in Erinnerung an seine Kindheit: „Die Lehrer an meiner Schule waren Terroristen gewesen."

Als 1967 Benno Ohnesorg erschossen wurde, verteidigte der Berliner Bürgermeister dies als Notwehr, die Gemeinschaft lasse sich „nicht mehr von einer Minderheit terrorisieren", und BILD titelte 1968: „Terror in Berlin!" Für die Studenten war das „Meinungsterror" und das Vorgehen der Ordnungskräfte „Polizeiterror". Autoverkehr war „Terror unserer Städte", Werbung und aggressive Verkaufspraktiken waren „Konsumterror". Die Grünen wurden in ihrer Frühzeit im Bundestag häufig als „Terroristen" beschimpft.

Wer mehr über die Terrorismusdiskussion in der BRD wissen will, über die Mordmentalität der Rote Armee Fraktion (RAF) oder über den Kampf der IRA gegen das Vereinigte Königreich, sollte unbedingt in dem oben erwähnten Buch von Andreas Musolff weiterlesen.
Als Rudolf Augstein nach der Definition von Hegel von der RAF und ihrem „Tugend-Terror à la Robespierre“ schrieb, wurde ihm von der CSU Verharmlosung und schöngeistige Verklärung des Terrorismus vorgeworfen. 1976 wurde der Rechtsbegriff *Terroristische Vereinigung* ins westdeutsche Strafgesetz eingeführt. Danach zeichnet sich eine *Terroristische Vereinigung* durch besondere Verwerflichkeit und Gefährlichkeit aus.

Trantüten* und *Tränen

Wir alle kennen *Trantüten*: sie stehen vor einem in der Schlange und brauchen Ewigkeiten, um das Geld herauszuholen, im Auto fahren sie auf der linken Spur mit 20 km/h und stehen noch an der grünen Ampel, bis sie wieder auf Rot springt. Sie brauchen Äonen, um sich zu setzen, um aufzustehen oder um irgendetwas zu tun. Besonders wenn es schnell gehen soll, weil wir einen Zug oder ein Flugzeug erreichen wollen, fällt den *Trantüten* ein, dass sie sich noch kämmen und ihre Sachen packen müssen, und danach, dass sie noch etwas Wichtiges vergessen haben.

Gar nicht so selten sitzen oder stehen *Trantüten* auch auf der anderen Seite, hinter Kassen oder Theken. Während eine Schlange von ungeduldigen Leuten länger und länger wird, arbeiten sie mit unfassbarer Sorgfalt eine einzelne Bestellung ab. In aller Seelenruhe suchen sie nach Zutaten, dann nach einem Messer, dann schneiden sie Minze für einen Drink klein, sehr genau und auf keinen Fall zu schnell, den Schnaps messen sie sehr exakt und vor allen Dingen langsam ab und stellen die Flasche wieder zurück an einen bestimmten Ort am anderen Ende der Theke. Dann drehen sie sich um und suchen die Flasche mit Mineralwasser in verschiedenen Regalen. Haben sie diese Flasche irgendwann entgegen aller Hoffnung doch gefunden, gießen sie damit nach und stellen die Flasche wieder an diesen bestimmten Ort, um auf jeden Fall in Kürze erneut danach zu suchen.

Kurz: Es vergehen Ewigkeiten um Ewigkeiten, bis auch nur ein einziger Kunde bedient ist, und in der inzwischen endlosen Schlange sind dafür alle bedient.

Herbert Pfeiffer, dessen „Großes Schimpfwörterbuch" von 1996 eine meistens zuverlässige Quelle ist, konnte nur vermuten, dass vielleicht ursprünglich eine Kindertrompete, die *Trantute*, gemeint gewesen sein könnte. In „Der Richtige Berliner in Wörtern und Redensarten" von 1905 sind aber bereits *Tranfunzel*, *Tranflöte* und *Trantute* als Bezeichnungen für einen langweiligen Menschen aufgeführt.

Eine *Funzel* ist zwar eine alte, trübe Öllampe, aber für Leser in der DDR war sie im Gegenteil ein Lichtblick in der

Satirezeitschrift Eulenspiegel, dessen von Jochen Petersdorf konzipierte Beilage „Abendblatt für trübe Stunden" den Titel „Funzel" trug und trägt.
Zurück ins Jahr 1905: *tranig* bedeutete damals nicht *langsam*, sondern *langweilig* oder *dumm* in dem Sinn, den wir auch noch kennen: *kein helles Licht*. Ein Betrunkener war *in Tran* oder *hat in Tran jetreten*. Üblich war die Redensart *Ruhe sanft! du hast in Tran jetreten!*
„Grimms Wörterbuch" vermutet eine Verbindung von *Tran* zu *Öl* und damit zum dänischen *øl* für *Bier*. Daher käme die Redewendung *im Tran* für *betrunken*. In dieser Bedeutung schrieb schon Heinrich Heine in seinen „Reisebildern":

„Wir haben einen Preußen in der Herberge zu Cassel, der eben solche Lieder selbst macht; er kann keinen seligen Stich nähen; hat er einen Groschen in der Tasche, so hat er für zwei Groschen Durst, und wenn er im Thran ist, hält er den Himmel für ein blaues Kamisol, und weint wie eine Dachtraufe und singt ein Lied mit der doppelten Poesie!"

Eichendorf warf einem Träumer vor: „Schon vom nüchternen Morgen seid Ihr im romantischen Thran!" Der erste Satiriker der deutschen Aufklärung Christian Ludwig Liscov schrieb: „Ein Grönländer, der mit seinem stinkenden Trahn zufrieden, lebt so wohl im Paradiß als ein Italiäner, der den köstlichsten Wein trinket."

Tran ist als *Fischtran* im Frühneuhochdeutschen seit dem 16. Jahrhundert bezeugt, das Wort *Tran* ist niederdeutsch. Mittelniederdeutsch sind *Tran* und die Mehrzahl *Trahni* in der Bedeutung von *Tropfen* und *Tränen* nachgewiesen. Auch eine *Träne* ist ein *langweiliger*, *wehleidiger*, *weichlicher* Mensch, erst recht, wenn er eine *müde*, eine *trübe* oder *die hinterletzte Träne* ist. Sehr nahe kommen wir der *Trantüte* mit der *Tränentüte*, womit man *Trantüten* synonym beschimpfen kann.

So erklärt sich also das *Im-Tran-Sein* durch die Tropfen Alkohol, die dabei im Spiel sind. Im Preußischen führte es zum Verb *tranen* für *saufen*. Wahrscheinlich ist der Einfluss des Fachbegriffs *Trance* für *Betäubung* und *Geistesabwesenheit*. Es stammt vom altfranzösischen *transe* für *Verscheiden*, *Erstarren* und *Angst* ab und geht aufs lateinische *transire* zurück: *hinübergehen*.

Der Alptraum der meisten Menschen ist eine *Trantüte* vor einem in der Schlange, die auch noch in Trance fällt.

Der oben erwähnte Pfeiffer führt für *Trantüte* aber noch eine weitere Bedeutung an, nämlich die einer wehleidigen weiblichen Person.

Eine echte Trantüte war eine Tüte aus Papier, gefüllt mit gelblichem Fischschmalz, dem Tran, mit dem blakende, trübe Funzeln abgebrannt werden konnten. Sie sah nicht gut aus und der Tran tropfte zäh und langsam heraus.

2012 erschien im Heyne Verlag eine Parodie des Weltbestsellers von Suzanne Collins unter dem Titel „Die Trantüten

von Panem“. Nach Urteil der deutschen Leser ist das Werk aber selbst eher *trantütig* als unterhaltsam geraten.
Angelehnt an das Internet-Lexikon Wikipedia, gibt es auch die humoristische Enzyklopädie Kamelopedia. Glaubt man diesem Nachschlagewerk, dann entstand das Wort *Trantüte* 1650 auf dem dänischen Walfangschiff „Die flotte Lotte“. Weil alle Fässer schon mit Tran gefüllt waren, wurden für das Fischschmalz riesige Papiertüten gebastelt. Als einer der Walfänger sich besonders ungeschickt anstellte, wurde er mit „Trantüdde!“ beschimpft. Belege für diese Herkunft bleibt Kamelopedia schuldig. Kein Wunder, werden die Einträge doch von „Witzenschaftlern“ und „Froschern“ verfasst.

Der *Weihnachtsmann*

Seit dem 12. Jahrhundert sind bei uns die *wihen nahten* bezeugt, die heiligen Nächte, die zu Weihnachten wurden. Sehr viel jünger ist der Weihnachtsmann, aber auch er hat, wie man an seinem langen weißen Bart sehen kann, schon viele Jahre auf dem Buckel.
Der Kontext, der Ton und sicher auch die Körpersprache sind dafür entscheidend, ob eine Anrede als kumpelhaft, als Beschimpfung, Beleidigung oder noch Schlimmeres aufgenommen wird. Vom befreundeten Autor Heiko Werning habe ich erfahren, dass ein Berliner Busfahrer die Bezeichnung *Sie Figur!* als fürchterliche Beleidigung auffasste. Andererseits

kann, wie unter *Fotze* erläutert, selbst die derbste Anrede als so freundlich empfunden werden, wie sie gemeint ist. Das setzt allerdings voraus, dass sie von Freunden herzlich vorgebracht wird.

Kein Wesen, abgesehen vielleicht vom lieben Gott, wird derzeit so positiv bewertet wie der Weihnachtsmann. Mag er auch gelegentlich schon mit Prügel gedroht haben, keiner kann sich heute noch erinnern, den gütigen Mann mit Apfelbäckchen, rotem Mantel und weißem Haar je gewalttätig erlebt zu haben. Die Rute bleibt seit Jahrzehnten unbenutzt und stattdessen gibt es Geschenke über Geschenke.

Aber verschiedentlich ist auch der *Weihnachtsmann* zur Beschimpfung geworden, und das nicht etwa erst in jüngster Zeit. In Herbert Pfeiffers „Großem Schimpfwörterbuch" ist *Weihnachtsmann* als Schimpfwort zwischen *Weichmann* und *Weinfaß* aufgeführt. *Weihnachtsmann* sei, so schreibt Pfeiffer, um 1920 als Schelte auf vollbärtige Männer aufgekommen und werde als Schimpfwort für einen *einfältigen* oder *trotteligen Menschen* verwendet. Wie oben aufgezeigt, ist die Anrede *Sie Weihnachtsmann!* beleidigender als in der Du-Form.

Wegen der derzeit herrschenden Bartmode haben wir es also mit einem Schimpfwort von großer Aktualität zu tun, seit 100 Jahren hat es nicht mehr so viele Vollbärtige unter 50 Jahren gegeben wie in den letzten Jahren.

Ist jemand *ein richtiger Weihnachtsmann*, dann ist er nicht gütig, fleißig und freigiebig, sondern von sehr schlichtem

Gemüt, ist hinter seiner Zeit zurückgeblieben, ein Trottel oder recht seltsam.

Auf facto24.de gibt es eine Liste der teuersten Schimpfworte, so muss man für die Beamtenbeleidigung *Wichtelmann!* oder *Kasperleverein!* je 1.000 Euro Strafe zahlen. Ohne Betrag ist ein *arschgefickter Weihnachtsmann* aufgeführt, der wegen der Drastik sicherlich noch teurer würde.

Wie kann überhaupt jemand den lieben Weihnachtsmann so hassen oder verachten? Gründe dafür gibt es einige. Hauptsächlich wird ihm seine kritiklose Haltung zum Konsum und Kapitalismus angekreidet. Aber es gibt noch eine ganze Menge weiterer Vorwürfe gegen ihn, die sich vielfach wiederholen, aber auch häufig widersprechen:

Er komme aus Russland, er komme aus den USA, er komme aus Deutschland, aus dem Römischen oder dem Byzantinischen Reich. Er sei ein unangepasster Immigrant, der das Christkind „umgevolkt" habe. Er zerstöre die Bedeutung des Weihnachtsfestes und mache aus Kindern Schwachköpfe.

Besonders häufig werden dem Weihnachtsmann seine Geschäfte mit einem großen Limonaden-Konzern vorgeworfen: Er sei nur eine Erfindung von Coca-Cola, jedenfalls eine kapitalistische Institution, um Kaufrausch, Kommerz und Fresserei zu steigern. Er habe Religion und Weihnachten vernichtet. Er sei eine Werbefigur, werde aber den Kindern als positiv und real existierend dargestellt. Er sei eine Witzfigur und sonst gar nichts. In Deutschland

dominiere der Islam und deshalb sei der Weihnachtsmann „Christendreck“ und eine böse Beleidigung.
Außerdem sei er immer so schlecht rasiert und damit kein Vorbild für Kinder. Er sei die Antithese zur Weihnachtsfeier, selbst Ketzer oder Heiden seien weihnachtlicher. Kurz: Der Weihnachtsmann sei nichts anderes als ein Coca-Cola-braunes Arschloch.
Der größte Vorwurf aber ist: Es gebe ihn überhaupt nicht und mit Weihnachten habe er nichts zu tun. Selbst Erwachsene erinnern sich mitunter empört an ihre kindliche Traumatisierung:
„Die Kinder werden aufs tiefste verarscht. Ich war als Kind totgekränkt, als ich feststellte, das meine Eltern mich angelogen haben und es den Weihnachtsmann garnicht gibt. Das war ernsthaft ein tiefer Vertrauensbruch für mich.“
Normalerweise sind es Kinder, die noch an den Weihnachtsmann glauben, und man ist nachsichtig mit ihnen. Bei entsprechenden Jugendlichen und Erwachsenen gibt es dagegen keine Sympathien mehr für diese Leichtgläubigkeit. Man unterstellt ihnen, dass sie die Wirklichkeit absichtlich ignorieren.
Günter Grass hat in der „Blechtrommel“ die Deutschen unter der Herrschaft von Führer und Nazis charakterisiert: „Ein ganzes leichtgläubiges Volk glaubte an den Weihnachtsmann. Aber der Weihnachtsmann war in Wirklichkeit der Gasmann.“

Der *Wichser*

Mit der beleidigenden Beschimpfung *Wichser* setzt man unangenehme männliche Zeitgenossen herab, bezeichnet *Angeber* und *Versager* oder stellt klar, dass jemand doch nur *ein sehr kleines Licht* ist. Ob der so Beschimpfte tatsächlich Selbstbefriedigung betreibt, ist unwichtig, wird allerdings unterstellt. Eckhard Henscheid brachte es 1983 in „Dolce Madonna Bionda" auf den Punkt: „Wenn Sie keine Frau oder Freundin haben, ist das der klare Beweis, daß Sie ein Wichser sind." Früher benutzte man das Schimpfwort für männliche oder weibliche Prostituierte, Strichjungen und Homosexuelle.

Nachgewiesen ist das Verb *wichsen* seit dem 15. Jahrhundert als Variante von *wächsen*, also *Wachs zum Bohnern auftragen*. Erst später leiteten sich davon die Bedeutungen *blankreiben*, *putzen* und *bohnern* ab. Es wurde auch noch für *prügeln* verwendet, weil der Wachs mit kräftigen Schlägen aufgetragen wurde.

Das Partizip *gewichst*, auch *abgewichst* oder *ausgewichst*, bedeutet auch heute noch *schlau* oder *raffiniert*. Vermutlich ist die Übertragung durch den Klang entstanden, der an *Witz* und *gewitzt* erinnert. Falls jemand an dieser Ähnlichkeit zweifelt, möge die- oder derjenige versuchen, folgenden Satz möglichst schnell zu sprechen: Ein witziger Whiskeymixer mixt mistige Whiskeys.

Der *Wichs* war die Bezeichnung für die Galakleidung der Studenten, weil gewichste Stiefel und Lederzeug dazugehörten. Am Anfang des 20. Jahrhunderts, so hat es Hans Meyer vom Grauen Kloster notiert, war in Berlin die Redensart *Alles eene Wichse!*, im Sinne von *alles gleich*, üblich. Der Zylinder auf dem Kopf war der *Wichstopp*. Und war etwas *eindeutig*, dann war es so *klar wie Wichse*, also schwarze Stiefelwichse. Die Bedeutung *masturbieren* bekam das Verb erst im Ersten Weltkrieg in der Soldatensprache. Da das Wichsen der Stiefel der gesamten Mannschaft eine beliebte Demütigung aufmüpfiger Soldaten war, implizierte *wichsen* auch *versagen*. Seitdem leiten sich viele Wörter von der Tätigkeit der männlichen Selbstbefriedigung ab, so die *Wichskaserne* für Kloster oder Priesterseminare oder das *Wichsblatt* für Zeitungen und Zeitschriften mit *Wichsvorlagen*.

Mit der Beschimpfung *Wichser* sind wir Deutschen nicht sonderlich originell, es entspricht dem englischen *wanker* wie dem griechischen *malaka*, dem norwegischen *ronkis* oder dem slowakischen *Pohonič*. Der französische *branleur* ist wie auch der italienische *segaiolo* eher ein Faulpelz. Der niederländische *rukker* ist keine Beschimpfung, sondern recht gemütlich: treffen sich zwei Bekannte, begrüßen sie sich mit: „Hé, ouwe rukker!", „Hallo Du alter Wichser!" An der Grenze zu Deutschland gibt es im Limburgs-Dialekt sogar den *Wiekser*. Auch das spanische Wort für Wichser, *pajillero* oder *pajero* kann freundschaftlich gebraucht werden. Davon abgeleitet ist das Adjektiv *pajolero* oder *pajolera*, mit dem man seine Ablehnung ausdrückt. Es kann auch *kein* bedeuten. Warum? „No tengo pajolera idea!" Ich habe keine Ahnung.

Scheinbar ist das unnützes Wissen, erst recht, da man Schimpfwörter in anderen Sprachen am besten gar nicht verwenden sollte. Manchmal aber können solche Informationen durchaus geschäftlich von Nutzen sein. So bekam der Geländewagen Pajero von Mitsubishi in manchen spanischsprachigen Ländern den Namen Montero, damit die Iberer nicht in einem „Allrad-Wichser" unterwegs sein müssen. Und der amerikanische Konzern Procter & Gamble verzichtete auf die Einführung des Reinigungsmittels Vicks in Deutschland, weil der Name, egal wie er ausgesprochen wird, eher schmutzig als sauber klingt.

Das gilt auch für Wix.com, eine führende, auf dem Cloudprinzip basierende Plattform mit Millionen Nutzern weltweit, die für sich wirbt: „Wir machen es jedem leicht eine professionelle und vor allem einzigartige Homepage zu erstellen." Wenn die Geschäfte in Deutschland nicht ganz so gut laufen wie in anderen Teilen der Welt, dann könnte das am Namen liegen. Denn im Deutschen hat die künstliche Design-Intelligenz von Wix oder der Wix Editor einen eigenen Klang. Und auch bei den offerierten Wix Jobs, dem Wix Blog oder Wix Arena haben die Deutschen Assoziationen, die wohl nicht erwünscht sind: „Engagieren Sie den richtigen Partner von Wix für Ihr Projekt. Wir finden einen passenden Freelancer." Dass die Internetunternehmer sich ihres problematischen Namens bewusst sind, zeigt ihre Werbung: „Ich hab's mir mit Wix selbst gemacht!"

„Der legendäre Wixer-Blues" des Austro-Pop-Sängers Georg Danzer (1946-2007) eröffnete 1976:

„i hab ka Freundin, i hab ka Frau
i hab bei d'Weiber den Dauerhau
auf mi schdehd Kane
ja Kruzifix
was soll i machn, i wix – sunst nix"

Danzer beschreibt in seinem Blues seine vergeblichen Versuche, eine Frau zum einvernehmlichen Geschlechtsverkehr kennenzulernen, doch:

„i mach was foisch, nua was was i ned
und de Moral, wauns ane gibt
es geht nix eine, weil Keine mich liebt
drum mei Divise: i streng mi goa ned an
pfeif auf de Weiber, selbst ist der Mann"

Im Comic „Tank Girl" spricht die Titelheldin den Satz: „Du stinkst aus'm Maul wie der Hausmeister aus der Hose, du bekiffter Wichser!" Damit ist sie gar nicht so weit von Franz Xaver Kroetz entfernt, der bezogen auf Botho Strauß, Martin Walser und Hans Magnus Enzensberger 1994 in seiner Revue „Ich bin das Volk" von „alldeutschen Dichterwichsern" schrieb.
Übliche Zusammensetzungen mit *Wichser* waren und sind beispielsweise *Betroffenheitswichser*, *Diskowichser*, *Flachwichser*, *Hirnwichser*, *Multikultiwichser*, *Ökowichser* und *Sozialwichser*.

Anfang der 1980er Jahre gab es die deutsche Hardcore-Punkband Die Wichser; 2004, angelehnt an die deutschen Edgar-Wallace-Filme, die Parodie „Der WiXXer" – Joachim Fuchsberger lehnte wegen des Titels sein Mitwirken ab. Wie bei den Vorbildern „Der Hexer" und „Neues vom Hexer" war der Titel der Fortsetzung 2007 „Neues vom WiXXer". Der angekündigte dritte Teil „Triple WixXx" ist bisher ausgeblieben, aber „Der Wixxer 3" könnte doch noch kommen. Allerdings nicht als Film, sondern als Serie unter dem Titel „Akte Wixx" oder „Die Wixx-Akten".

Mozart

Eine Fundgrube für Schimpfwörter sind die Briefe von Wolfgang Amadeus Mozart, stellvertretend sei folgender aus dem Jahr 1777 an seine Cousine zitiert:

„Poz Himmel Tausend sakristey, Cruaten schwere noth, teüfel, hexen, truden, kreüz-Battalion und kein End, Poz Element, luft, wasser, erd und feüer, Europa, asia, affrica und America, jesuiter, Augustiner, Benedictiner, Capuciner, minoriten, franziscaner, Dominicaner, Chartheüser, und heil: kreüzer herrn, Canonici Regulares und iregulares, und alle bärnhäüter, spizbuben, hundsfütter, Cujonen und schwänz übereinander, Eseln, büffeln, ochsen, Narrn, dalcken und fuxen!"

Mozart bittet darauf nicht etwa für seine Schimpftirade um Entschuldigung, sondern:

„Verzeihen sie mir meine schlechte schrift, die feder ist schon alt, ich scheisse schon wircklich bald 22 jahr aus den nemlichen loch, und ist doch noch nicht verissen! - und hab schon so oft geschissen - - und mit den Zähnen den dreck ab-bissen."

Nur wenige Zeilen in seinem Schreiben sind für unser Empfinden sauber:

„Nun muß ich schliessen, wie es auch so ist, denn ich bin noch nicht angezogen, und wir essen iezt gleich, damit wir hernach wieder scheissen, wie es auch so ist; haben sie mich noch immer so lieb, wie ich sie, so werden wir niemahlen aufhören uns zu lieben wenn auch der löwe rings-herum in Mauern schwebt, wenn schon des zweifels harter Sieg nicht wohl bedacht gewesen, und die tirranney der wütterer in abweg ist geschliechen, so frist doch Codrus der weis Philosophus oft roz für haber Muß, und die Römmer, die stüzen meines arsches, sind immer, sind stehts gewesen, und werden immer bleiben - - kastenfrey."

Bedrohte und ausgestorbene Schimpfwörter

Bei meinen umfangreichen Recherchen zur Geschichte und Gegenwart der deutschen Schimpfwörter stieß ich auf schöne, elegante und rätselhafte Wörter, die aus der Mode oder dem Sprachgebrauch gekommen sind und die ich trotzdem vor dem gänzlichen Vergessen bewahren möchte. Im Folgenden gehe ich auf einige von ihnen genauer ein.

Die Typografie und ihre Schimpfwörter

In der Sprache der Buchdrucker und Schriftsetzer, die wie das ganze Gewerbe vom Aussterben bedroht ist, gibt es sowohl Schimpfwörter als auch Wörter, die schmutzig erscheinen, aber lediglich Fehler in der schwarzen Kunst anprangern. Ich bin dankbar, als einer der letzten Menschen in Deutschland, genauer: in der DDR, Schriftsetzer im Bleisatz gelernt zu haben, kurz bevor das Land und dieser Beruf verschwanden. Immerhin bleibt der Menschheit auch im papierlosen Zeitalter die Typografie erhalten und mit ihr vielleicht doch einige der alten Schimpfwörter. Meine wichtigsten Quellen für die typografischen Schimpfwörter waren das „Kleine Lexicon der Schwartzen Kunst“ von Dieter Nadolski von 1985 und das „Typographie-Lexikon“ von Eberhard Dilba von 2004.

Die Zunftsprache der Drucker und Schriftsetzer diente nicht zuletzt dazu, sich von „unehrlichen“ Berufen abzugrenzen. Dem zünftigen Drucker oder Setzer galten unter anderem Gaukler, Seiltänzer und Zahnärzte als unehrlich, was man gut nachvollziehen kann. Schwerer zu verstehen ist es, dass sie sich sogar Webern, Schäfern, Henkern, Abdeckern, Nachtwächtern und Totengräbern überlegen fühlten. Vielleicht spielte bei den Büroarbeitern in den Druckereien auch der Neid auf die abenteuerlicheren Berufe ihrer Mitmenschen eine Rolle, sodass sie ihre Papierexistenz mit fantastischen Wörtern aufwerten wollten.
Unbedarfte Ohrenzeugen eines Stammtisches von Schriftsetzern müssen wirklich einigermaßen gestaunt haben, wenn die Typografen von den *Beerdigungen* und *Zwiebelfischen* ihres Arbeitstages erzählten oder von *Gurkenhobeln* und *Gräbern* schwadronierten. Was hielten die Zuhörer wohl davon, dass der *Hamster* heute vom *Krauter* einen mächtigen *Hering* bekommen hat, so einen *Hering*, dass ihm Hören und Sehen vergangen ist? Und zwar, weil er die *Leiche* einfach vergessen hat. Dass die Drucker und Schriftsetzer gern netzten, also tranken, bezeugt das „Druckerlied“ von Jörg Busch aus dem 16. Jahrhundert:

„Wir müssen allzeit netzen,
Welchs unser Orden hält,
Im Drucken und im Setzen
Netzt man, daß nichts umfällt.

Drum soll sich's niemand wundern,
Daß wir uns halten naß,
Der Orden hält's gesunder:
Zechen ohn' Unterlaß."

Von *Affenstall* bis *Zwiebelfisch*

Hier folgen kurze Erläuterungen zu den wichtigsten Schimpfwörtern der Sprache der Setzer.

Mit *Affenstall* war der verglaste Verschlag des Meisters im *Setzersaal* gemeint. Dieser Saal war in *Gassen* unterteilt, der Hintermann eines Setzers darin war sein *Arschgespan*. Der Buchbinder wurde als *Apostelklopfer* bezeichnet. *Bouquin* bedeutet eigentlich *altes Buch* oder *alter Bock*, in einer Druckerei allerdings war der Buchbindermeister gemeint.

Eine subjektiv oder objektiv zu kleine Schrift wurde *Augenpulver* geschimpft, eine Schrift, die lateinische und gotische Elemente vereinigte, beleidigte man als *Bastardschrift*.

Mit verschiedenen Schimpfwörtern oder Spitznamen belegte man die Druckerei, in der man arbeitete. Eine besonders kleine nannte man *Feuerzeug*. Abgeleitet war das vom Feuerzeug des 17. Jahrhunderts, einem mit vielen Utensilien vollgestopften Kästchen. Andere Bezeichnungen konnten *Quetsche*, *Bude*, *Zwiebelfischbude*, *Schmiere*, *Trittmühle*, *Tütenquetsche*, *Hudelei* oder *Winkeldruckerei* sein.

Im „Reichsabschied" heißt es 1570:

„Hudeley, Winkeldruckerey, werden solche Druckereyen genennet, die man auf Dörfern, Flecken, oder anderen freyen Orthen anlegt, wo man ohne Zensur die Buchdruckerkunst zu allerhand unerlaubten Schriften mißbrauchet."

Ratterte in einer solchen Druckerei eine veraltete und ausgemergelte Schnellpresse, schimpfte man sie *Gurkenhobel* oder *Mühle.*
Der Teil der Schnellpresse, der die Druckform trägt und unter dem Zylinder hindurchfährt, wurde *Karren* geschimpft. Die Presse für Handabzüge dagegen war eine *Nudel.*
Hammerglätter war die Beschimpfung für Papiermacher, die das Papier mit dem Hammer anstatt mit Steinen glätteten.
Fliegendreck, auch *Fliegenkopf* oder *Blockade* genannt, waren vom Setzer als Markierung kopfüber eingesetzte Lettern, die so durch den Abdruck ihrer Füße auffallen und vor Druck ersetzt werden sollten. Eine Praxis, die durchaus nicht ausgestorben ist, zum Beispiel wird bis heute ganz ähnlich mit möglichst unübersehbaren Zeichen auf Fehler oder unklare Stellen im Manuskript hingewiesen, zum Beispiel mit !!!!!!!!!!!!!!!!!!!!!!!!!!!!!!, :::::::::::::::::::: oder ????????????.
Der *Frosch* war das verschiebbare Mittelstück des Winkelhakens, dem Werkzeug, auf dem der Schriftsetzer die Zeile aus einzelnen Lettern zusammensetzte. Aber auch ein auf den Deckel der Handpresse geklebter Karton, der den Papierbogen hielt, war ein *Frosch.* Schließlich ist auch noch die buchbinderische Tasche für Papierblätter mit durchgehender Falte

an der geschlossenen Seite ein *Frosch*. Bis heute sind damit viele Notizbücher ausgestattet.

Fuchsen war das heimliche Ausleihen von Lettern aus dem Setzkasten des Nachbarn.

Furz und *Schmorkohl* waren leicht zu fertigende Satzarbeiten.

Das *Gautschen* war eigentlich ein Begriff aus der Papierherstellung für das Herauspressen des Wassers aus den Papierbahnen. Übertragen bezeichnete *Gautschen* die Erhebung eines Drucker- oder Setzerlehrlings zum Gehilfen, die Bräuche dabei erinnerten an die Äquatortaufe der Seefahrer. Die Torturen beim *Gautschen* wurden *Hobeln* genannt, dazu gehörten beispielsweise das Aufpinseln eines Bartes mit einem großen und rauhen Instrument, die Behandlung der Fingernägel mit einer ebensolchen Feile oder das Säubern der Ohren mit entsprechendem Ohrlöffel. Der Kandidat wurde auf einen nassen Schwamm gesetzt, in eine Wanne mit Wasser getaucht und durfte sich Gedichte anhören:

„Packt an, Gesellen, laßt seynen Corpus Posteriorum fallen
auf diesn nassen Schwamm, biß trieffend beide Ballen.
Der durst'gen Seele gebt ein Sturtzbad obendrauff,
das ist dem Sohne Gutenbergs die allerbeste Tauff."

In einem Gautschbrief des 19. Jahrhunderts heißt es:

„Den alten Kunstgebrauch zu ehren,
Thät er sich weder sträuben noch wehren.

Erhielt die üblichen drei Stöße auf den Arsch.
Und zappelte dabei wie ein Barsch.
Darauf bezahlte er blank und bar
Das altbekannte Gautschhonorar."

Eine *Leiche* war ein versehentlich vergessenes Wort, nachvollziehbar, dass der zum Einsetzen zu schaffende Raum im Satz als *Grab* für genau diese *Leiche* bezeichnet wurde. Der Humor der Setzer und Buchdrucker offenbarte sich besonders beim *Leichenbegängnis.* Denn hatte der Setzer eine *Leiche* auf dem Gewissen, wurden die Fenster des Setzersaals verhängt und ein festlicher Zug formiert. An der Spitze wurde der Korrekturabzug mit der *Leiche* getragen, ein Handtuch war Trauerfahne und ein Besen stand für die religiöse Würde. Trauerglocken wurden durch Schlagen an alle verfügbaren Gläser geläutet. Das Leichenbegängnis endete beim Setzer, dem die *Leiche* zur Beisetzung übergeben wurde.
Der Setzer selber war ein *Hamster*, und wenn er einen Anschiss vom Vorgesetzten, dem *Krauter*, bekam, war das der *Hering.* Andere Schimpfwörter für den Setzer waren *Marder, Hudler, Pfuscher, Pachulke, Paketsetzer, Satzklempner* oder *Sudler.*
Hasenöhrchen waren für den Setzer die Anführungsstriche: "
Ein *Hurenkind* ist die letzte Zeile eines Absatzes, die als erste auf einer Seite steht. Das Wort *Hurenkind* macht deutlich, dass es sich um einen möglichst zu vermeidenden Fehler handelte.

Eine *Jungfrau* oder *Jungfer* bezeichnete zwei unterschiedliche Dinge: zum einen die Schriftgröße Petit, also 8 Punkt, zum anderen aber auch einen fehlerfreien Korrekturabzug. Wenigen Schriften war es vergönnt, mit einem Schimpfnamen geadelt zu werden, aber einige haben es wegen ihrer herabstehenden Häkchen oder herabhängenden Serifen geschafft und wurden *Rotznasengotisch* oder *Tränengotisch* genannt.
Langer Wurm, auch *Handtuch*, *Riemen* oder *lange Würste* sind lange und schmale Satzspalten, typisch für Zeitungsseiten. Wenn eine Zeitungsseite zu wenig Überschriften oder Abbildungen hatte, dann wurde sie *Bleiwüste* genannt.
Lausedarm nannte man die fehlende Deckungsgleichheit der Zeilen auf Vorder- und Rückseite eines Bogens, dem sogenannten Schön- und Widerdruck für Bücher.
Läusefraß waren kleinste schwarze Flecken beim Notendruck durch Kratzer auf der Druckplatte.
Ein *Mönch* war eine blasse oder unvollständige Stelle auf dem Bogen. Das Gegenteil davon war eine *Negerzeitung*, nämlich ein zu schwarzes Druckerzeugnis durch zu viel Druckfarbe.
Ein *Schimmel*, auch *Schimmelbogen*, war ein versehentlich unbedrucktes Blatt oder leerer Druckbogen.
Der *Schusterjunge*, auch *Waisenkind* oder *Waisenknabe*, war die Anfangszeile eines neuen Kapitels oder Absatzes, die unschönerweise einzeln als letzte auf einer Seite steht.
Verballhornen ist eine noch gebräuchliche Bezeichnung für die Entstellung oder Verdrehung eines Wortes, entweder

versehentlich oder um eine komische oder beleidigende Wirkung zu erzielen. Das Wort *Verballhornen* ist erst im 19. Jahrhundert entstanden, aber ältere Ausdrücke, wie *balhornisieren*, sind belegt und führen zum Lübecker Buchdrucker Johann Balhorn dem Jüngeren (um 1550 - nach 1604), dessen Ausgabe des Lübecker Stadtrechts aus dem Jahr 1586 hatte den schönen Titel:

„Der Kayserlichen Freyen und des Heiligen Reichs-Stadt Lübeck Statuta und Stadt Recht. Auffs Newe vbersehen
Corrigiret
und aus alter sechsischer Sprach in Hochteudsch gebracht.
Gedruckt zu Lübeck
durch Johann Balhorn"

Das Buch war voller sinnentstellender Fehler. Da sich nur der Hinweis auf *Balhorn* im Titel findet, entwickelte sich seit 1644 die Redensart „Verbessert durch Johann Balhorn", und noch weiter verkürzt die Verben *balhornisieren* und *verballhornen*.

Ein *Fisch*, oder auch *Zwiebelfisch*, war eine Drucktype im falschen Setzkasten oder Satz, zum Beispiel ist im folgenden Wort das r ein *Zwiebelfisch*: Wort. Entsprechend war ein *Fischhaufen* eine Ansammlung von Zwiebelfischen.

Zwiebelfischkrämer war das Schimpfwort für einen unordentlichen Setzer – und sofort fühle ich mich als genau ein solcher und verlasse schleunigst die Schimpfwörter der Typografie.

Gefallene Wörter

Von *Dirne* bis *Elpentrötsch*

Es gibt eine Reihe von ehrenhaften deutschen Wörtern, die in ihrem Leben einen gewissen Abstieg zu verzeichnen hatten und zu Schimpfwörtern wurden.

Eine *Dirne* ist beispielsweise heute die schon wieder etwas altertümliche Bezeichnung für eine Prostituierte, während Martin Luther das Wort noch für eine Jungfrau gebrauchte. Aber die ursprüngliche Bedeutung war, abgeleitet von *diu* und *diwe*, *Dienerin*. Die *Dirne Gottes* im Mittelhochdeutschen ist also nicht die Jungfrau, sondern die Dienerin Gottes.

Die Zeitschrift Titanic beschimpfte 2012 den damaligen Bundespräsidenten Joachim Gauck als „eitlen Zonenpfaffen". Noch im Mittelalter war *Pfaffe* eine wertneutrale Bezeichnung für einen Priester, abgeleitet von *papa*, wie der griechische *Pope*. Nicht mehr entschieden werden kann, ob die Abkürzung von Pastor Fidelis Animarum Fidelium, also dem „treuen Hirten treuer Seelen", nicht eher ein geistreicher Einfall eines späteren Lateiners ist. So oder so hat das Wort *Pfaffe* schon bei Luther eine verächtliche Bedeutung und war also zu einem Schimpfwort herabgesunken.

Der *Kerl* war anfangs nichts anderes als *Karl*, also ein starker Mann. Auch in der Bedeutung *Bauer* wurde er ohne negative Konnotation verwendet, fiel aber dann herab und bezeichnete mit *Saukerl* oder *Viehkerl* in der Bedeutung von *Saukneсht* oder *Viehknecht* verachtete Personen. *Kerl* gilt abwertend für *Schurke* oder *Pöbel*, und mit Leichtigkeit lassen sich sehr viel mehr negativ besetzte Wörter damit bilden als so positive wie *Pfundskerl*. Dieses Beispiel zeigt, dass der *Kerl* seinen ursprünglichen Sinn noch nicht völlig verloren hat und auch, je nach vorgesetztem Adjektiv, durchaus freundlich gebraucht werden kann.

Das gilt aber nicht für das *Gesindel* als Bezeichnung für heruntergekommene oder kriminelle Menschen. Man findet im Hauptwerk „Bilder aus der deutschen Vergangenheit" von Gustav Freytag, erschienen zwischen 1859 und 1867, den Satz: „Überall spürte man nach den Brennern, überall sah man ihre Spuren, viele Haufen Gesindel wurden gefangen, peinlich verhört und gerichtet." Auch Jeremias Gotthelf verwendete das Wort 1844 in der historischen Erzählung „Kurt von Koppigen" in dieser Bedeutung, in der es bis heute benutzt wird: „Damals war gar viel herrenloses Gesindel im Lande, das unstet lebte und so gut als möglich vom Raube."

Dabei war es ursprünglich nur die Verkleinerungsform von *Gesinde*, also der Dienerschaft. Es leitet sich von *Sind* ab, also *Weg* und *Reise*. Im Mittelhochdeutschen war *der Gesind* der Reisebegleiter und *das Gesinde* das Gefolge und später die Dienerschaft. Zuerst hieß *Gesindel* lediglich die kleine Dienerschaft, bald gebraucht für niedere Dienerschaft, schließlich nur noch für *Lumpenpack*.

Inzwischen aus der Mode gekommen ist der alte Ehrenname *Hagestolz* für einen überzeugten Junggesellen oder gar Frauenverächter, am bekanntesten ist er noch durch das gleichnamige Gemälde von Carl Spitzweg. Schon Ende des 19. Jahrhunderts wurde das Wort hauptsächlich verächtlich oder verspottend gebraucht. Ursprünglich leitete es sich von *Hag* für *Zaun* oder einen *mit Zaun umgebenen Hof* ab, sowie von *stalt*, was *besitzend* bedeutete. Gemeint war damit der Verwalter des vom Hauptgebäude entfernten *Hags*, der wegen seiner Stellung nicht heiraten konnte. Oft erbte der älteste Sohn das Gut und die jüngeren blieben ledig und mussten als *Hagestalte* auch Kriegsdienste verrichten. So galt die Bezeichnung auch einem Krieger.

Der *Tölpel* war ursprünglich kein ungelenker oder dummer Mensch, sondern vom mittelhochdeutschen *dörper* ein ganz normaler Dorfbewohner oder Bauer. Bei Hans Sachs finden wir „Du Ölp, Du Dölp". *Ölp* hat mit *Tölpel* den Klang gemein. Zu *Ölp* gehören Adjektive wie *elbisch*, *ölperisch* oder *ölpern*, und daraus leiten sich die ausgestorbenen Schimpfwörter *Ölpetrütsch* und *Elpentrötsch* ab, womit linkische Menschen gemeint waren, die Opfer der Elbe und ihrer Geister geworden waren.

Drohne, Drohn und *Drönlinge*

Drohnen haben keinen guten Ruf, wie man in den fast täglichen Nachrichten über US-amerikanische Einsätze in aller Welt erfährt. Wenn man heute von einer Drohne spricht, meint man ein unbemanntes Luftfahrzeug, das durch Fotografieren, Spionieren oder Morden die Privatsphäre verletzt. Das Wort stammt vom niederdeutschen *drone*, gehört lautmalerisch zu *dröhnen* und stammt vom indogermanischen *dhren* für *brummen* ab.

Bei diesem Begriff für die männliche Honigbiene, auch Hummel, Wespe und Hornisse, ist das Geschlecht verwirrend. Warum ist der Bienenmann weiblich? Einleuchtend, dass die eigentlich korrekte Bezeichnung *der Drohn* lautet.

Bis fast ins 20. Jahrhundert war *Drohne* ein geläufiges Schimpfwort für arbeitsscheue Zeitgenossen. Schon die alten Römer und Griechen benutzten anklagend das Gleichnis von den *faulen Drohnen*.

Eine wahre Fundgrube zu dem Thema ist das Buch „Die Symbolik der Bienen und ihrer Produkte“ von Joh. Ph. Block aus dem Jahr 1897. Darin führt er Vergil an, für den die trägen Drohnen das Gegenstück der fleißigen Bienen sind, sowie Hesiod, der schrieb: „Der ist den Göttern verhasst und den Menschen, welcher ohne Arbeit hinlebt, gleich an Mute den ungewaffneten Drohnen, die der emsigen Bienen Gewerk aufzehren in Trägheit, nur Mitesser!“

Für Hesiod waren *Drohnen* faule Bäuche und ähnelten allen trägen, nutzlosen Menschen:

„In der Honigkörbe gewölbetem Baue die Bienen
Nähren Drohnengezücht, das Teil am bösen Geschäft hat.
Jene den ganzen Tag bis spät zur sinkenden Sonne

Schaffen in Tagarbeit und bau'n weißzelliges Wachs auf -
Diese daheim im Verschluß der gewölbeten Stöcke beharrend, Mühen sich, fremden Ertrag in die eigenen Bäuche zu sammeln."

Für die Römer waren die *Drohnen* darum gleich Spitzbuben: *fures*. Plutarch verglich sie mit den Gelehrten der bürgerlichen Gesellschaft und Aristophanes schrieb:
„Freilich haben Drohnen sich auch eingenistet unter uns,
Welche keinen Stachel führen, aber müßig nur die Frucht
Unseres Ertrages hier verzehren, ohne Arbeit und Beschwerd'."

Bei Ovid musste der übergewichtige Silenos, er ähnelt Bacchus, vor den grimmigen Bienen fliehen, wie silberne Geschosse jagten sie ihn und attackierten seine Glatze. Silenos' voluminöses Erscheinungsbild und Verhalten erinnern keineswegs zufällig an die Bienenmänner.
Im Deutschen ist *Drohne* als Schimpfwort seit dem 18. Jahrhundert nachgewiesen. Bis dahin wurde in diesem Sinne eher die Bezeichnung *Hummel* benutzt. So schrieb Moses Mendelssohn 1760: „Man ist es von der Raubbegierde der gelehrten Hummeln schon gewohnt, daß sie sich von fremder Arbeit nähren." Genau wie Plutarch benutzte Christoph Martin Wieland aber 1795 *Drohnen*: „Wir Gelehrte sehen uns für viel zu wichtig an. Wir sind Drohnen und Faultiere im Bienenstock."

Sofort fühle ich mich ihm nahe. Denn bin ich nicht auch eine Drohne im Bienenstock der alten Bücher und nähre mich und dieses Buch von seinem Honig?

Johann Heinrich Voß schrieb Anfang des 19. Jahrhunderts in „Wie ward Fritz Stolberg ein Unfreier?" vom Erbdronenrecht und meinte damit die erblichen Vorrechte der Ritterschaft: „Dies fortzuerben auf ihre Drönlinge, reizen sie unter einander das Volk auf den Fürsten, den Fürsten auf das Volk." Damit nahm Voß den Gebrauch als sozialpolitisches Schlagwort vorweg, den der Ausdruck durch den utopischen Sozialisten Saint-Simon bekam. 1821 formulierte der sein Credo:

„Ich schreibe für die Industriellen, gegen die Höflinge und gegen die Adligen, d. h. ich schreibe für die Bienen und gegen die Drohnen." Von nun an waren Drohnen für Jahrzehnte die herrschende Klasse im Gegensatz zu den Unterdrückten. Der Revoluzzer Hoffmann von Fallersleben schrieb 1842 sogar ein Gedicht über die „adelichen Drohnen", die so lange nicht „werken" und „frohnen" wollen, bis sie von den rebellischen Bienen in der großen Drohnenschlacht besiegt werden.

Allerdings setzte sich allmählich wieder die herabsetzende Benennung von trägen oder unproduktiven Menschen als *Drohnen* durch, Feuerbach schrieb 1830 „Mystiker sind die Drohnen des Staats", und für Gutzkow waren 1839 Rentierer *gesellschaftliche Drohnen*. Bismarck beschimpfte mit dem Wort gern Bürokraten und sogar alle Beamten ungefähr in gleichem Sinn wie Wilhelm Busch:

„Und nur die alten Brummeldrohnen
Gefräßig, dick und faul und dumm,
Die ganz umsonst im Hause wohnen,
Faulenzen noch im Bett herum.
Hum! brummelt so ein alter Brummer,
Was, Dunner! Ist es schon so spät!?"

Im 20. Jahrhundert kam *Drohne* als Schimpfwort aus der Mode, man benutzte in ihrem Sinne lieber *Parasit*, *Blutsauger* oder *Sozialschmarotzer*. Walter Mehring dichtete in den 1920er Jahren:

„Europäer, Neger, Spießer,
Arbeitsdrohnen — Tausendfüßer,
Webt Probleme und spinnt Phrasen,
Schwebt in heiligen Ekstasen ..."

Als *Arbeitsdrohne* war die *Drohne* endgültig von ihrem Ruf als Faulpelz rehabilitiert. Vielleicht war der in Vergessenheit geratene Hass auf den Klassenfeind der Grund, dass *Drohne* als Bezeichnung für unbemannte fliegende Ziele bei der Schießausbildung gebraucht wurde.
Spätestens seit den 50er Jahren wurde in den USA das Wort für Kriegs- und Spionage-Flugzeuge ohne Piloten benutzt, aber erst 2010 wurden Drohnen erstmals im deutschen Luftrecht erwähnt. Im manager magazin online vom 10. Oktober 2014 fordert Lukas Schürmann wegen des martialischen

Images der ferngesteuerten Tötungsmaschinen: "Don't call it Drohne!" Wird die Bezeichnung wirklich wieder frei, hätten wir die Wahl, ob wir das traditionsreiche Wort für *Bürokraten des Todes* oder tötende *Bildschirmpiloten* verwenden.

Wenn Drohnen massenhaft ins Privatleben eindringen und Menschen nicht nur in Afghanistan, sondern auch zwischen Neiße und Rhein töten, wird man sich vielleicht an die alte Bedeutung nostalgisch erinnern und sich in die Zeit des Müßiggangs der Drohnen zurücksehnen.

Saprelit und *Sapperlot sackernde Sackermenter*

Eine faszinierende Archäologin ist Anja Grothe, die ich im Sommer 2013 mehrfach bei ihren Ausgrabungen im Großen Jüdenhof an der Grunerstraße zwischen Rotem Rathaus und Stadthaus besuchte. Bei ihren begeisterten Ausführungen zeigte sie mir ein gedrechseltes Schmuckstück, es sah aus wie aus schwarzem Bakelit, und sie erklärte mir, dass es aus Saprelit, also aus fossilisiertem Faulschlamm hergestellt sei. Als ich das mir unbekannte Fremdwort wohl falsch aussprach, rief sie: „Sapperlot!" – und ich war fasziniert, wie lange hatte ich eigentlich nicht mehr *Sapperlot* gehört? Vielleicht erinnert sich mancher an den Abzählreim:

„Eins und zwei und drei und vier,
Sapperlot, was gibt es hier?
Gänsebraten und Spinat,
Wiener Schnitzel und Salat.
Himbeersaft und Bier und Wein,
Liebes Kind, du sollst es sein."

Der Fluch *Sapperlot!*, der auch Verwunderung, Erstaunen oder Unwillen ausdrücken kann, ist in der deutschen aktiven Sprache fast ausgestorben, auch wenn es in Lorsch, am Fuße der Bergstraße, hoffentlich noch viele Jahre das wackere Kleinkunsttheater Sapperlot geben wird. Bis in die 1960er Jahre von der älteren Generation gebraucht, ist seit den 1970er Jahren der Ausdruck bei den Jüngeren nur noch ironisch in Verwendung. In der Schweiz ist der Ausruf noch üblich, so wurde in der Nationalbibliothek in Bern 2012 eine viersprachige Ausstellung, „Sapperlot! Mundarten der Schweiz", gezeigt.
Das Wort ist bei den Eidgenossen sogar cool, denn seit 2011 ist *sapperlot*™ ein „international geschütztes Schweizer Kleider Label, welches Clubwear & Tattoowear anbietet". Wie von der Homepage zu erfahren ist, entstand die Marke aus einer Vision, vielen Ideen und der Energie zweier Menschen. Angeboten werden in innovativem Druckverfahren hergestellte T-Shirts, deren Motive „praktisch nicht zu spüren" und atmungsaktiv sind.
Das „Große Schimpfwörterbuch" von Herbert Pfeifer listet unter dem Stichwort den *Sapperloter* auf, den man auch

Sappermenter nennt oder umständlich *Tausendsappermenter, Heilandssappermenter* oder *Himmelherrgottssappermenter, Sackerlöter, Sakramenter, Sapperlöter, Sapperlotskerl.* Allerdings gibt es keinen Hinweis zur Herkunft des Wortes. Den *Sakramenter* finden wir zuerst bei Martin Luther, der damit Vertreter einer konkurrierenden protestantischen Sakramentslehre bezeichnete: „Die anderen Sacramenter bleiben doch auff einem Irrthum." Mundartlich entstellt wurden sie zu *Sackermenter. Sakramentierer* waren in der Reformation für die Lutheraner Gegner, die nicht an den Leib und das Blut Christi im Abendmahl glaubten. Das Verb *sakramentieren* bedeutete *fluchen.*

Das kürzere *sacker* finden wir bei Hans von Schweinichen (1552-1616), er dichtete:

„Herr, botz sacker und Element, den Pelz hab ich umgewendt, daß er mich vor der Kält decken soll behend."

Das Adjektiv *sackermentalisch* für *fluchend* oder *lärmend* benutzte Schiller in „Die Räuber" von 1781, worin der Held zu seiner Exekution unter dem „Glanz der schröcklichen Morgensonne" und dem „Gekrächz' hungriger Raben" mit dem „Strick um den Hals - mit lebendigem Leibe zu Grabe" marschieren und dabei noch „die sakermentalischen Anstalten und Schinderszeremonien" erleben muss.

Der *Sackermenter* oder *Sakramenter* war ein *Lärmer,* das Verb *sackermenten,* das auch *schelten* oder *fluchen* bedeutete, leitet sich von *sakramenten* ab. Im selben Stück heißt es bei Schiller auch: „Razmann! Ich rieche Pulver. Razmann. Sapperment! Ich riechs auch schon lang." Und in „Wallensteins Lager" stoßseufzt der Kapuziner:

„Muß man den Mund doch, ich sollte meynen,
nicht weiter auf machen zu einem Helf Gott!
als zu einem Kreuz Sackerlot!"

Auch für *Sackerlot* gab es ein Adjektiv und die Umbildung *Schlapperloth*. *Sapperlot* oder auch *Sackerlot* ist eine von der französischen Beteuerung „Sacré nom de dieu!", „Geheiligt sei der Name Gottes!", entstellte Interjektion, von der sich auch das Verb *sackern* für *fluchen* und mit Anlehnung an *Sakrament Sackermenter* für einen gottlosen und fluchenden Menschen ableiten.

Auf der Interneteite „Sprache in Österreich", zu finden unter http://www.ostarrichi.org/, werden verschiedene Erklärungen zur Herkunft des Wortes erörtert. Danach kann *Sackerlot* auch auf *sacre lot*, also *Heiliges Schicksal*, zurückgehen.

Weniger gebräuchliche Entstellungen waren: *Sappermich, Sappermuck, Sappermust, Sappermost, Sapperlint, Saggere, Sappara, Safradi, Saliment, Safferment, Hekerment, Hegermenge, Sackerlint, Sakralunt, Sickarament, Sickerlott, Sackermeit, Sakraschwanz, Schlapprawalt, Schloggrawalt, Zackerment, Aackerment, Aackerent, Zapperment, Aackermei und Zappermaß.*

Lediglich in historischen, häufiger noch in satirischen und ironischen Zusammenhängen wird *Sapperlot* in Deutschland in letzter Zeit verwendet. So schrieb die Satirezeitschrift Titanic im September 2013 in ihren „Briefen an die Leser“ an den FDP-Politiker Phillip Rösler: „Sapperlot, Rösler!“

Dank

Die Beschäftigung mit Schimpfwörtern bestand nicht nur in der Recherche im Internet, in Nachschlagewerken, Zeitungen, Büchern, Manuskripten, sondern auch in vielen Gesprächen, um dem heutigen Sprachgebrauch auf die Spur zu kommen.

So verdanke ich meinem Vater Peter Hennig das Wort *doppelfotzig*. Annemieke Hendriks und Antoine Verbij danke ich fürs Überprüfen der *Poepen*, Dan Richter für die *Bärenfotze*, Heiko Werning für seinen Hinweise, dass *Futt* auch in Westfalen *Hintern* bedeutet, Urszula Usakowska-Wolff für die Informationen zu den polnischen Beschimpfungen, Dank an Manuela Giovagnetti für *Crauti* und *Mangiapatate*, an Bente Rasmussen für *Pølsetysker*, an Jacob Jonia für *hitlerne* und die *Bundesligahaare*, an Gellert Tamas für *Sauerkraut* und *Hunnen*, Ní Gudix für den Hinweis auf den *malefizigen* Teig der *Spitzbuben*. Dank gilt auch Heinrich Dubel für den Hinweis sowie die Kopien aus Marcel Beyers „Flughunde“, Ahne für die Hinweise auf *Neger* und *Fotze*.

Andreas Baum danke ich für die „Büdinger hexenacten“ von 1558, Dina Moinzadeh für den französischen *Wichser*, Martí Sancliment-Solé für den spanischen, Petra Haluzová für den tschechischen, Annemieke Hendriks für den niederländischen, Maciej Robert für den polnischen, Manuela Giovagnetti für den italienischen.

Dank an Jochen Schmidt für den Kontakt zu seinem Vater Hartmut Schmidt, der kurz den verzweifelten Versuch unternahm, mir so Grundlegendes zu erklären, wie dass es sich beim Indogermanischen und Germanischen nicht um Sprachen, sondern um Rekonstruktionen aus vielen Sprachen handelt. Auch hat er freundlicherweise einen genauen Blick in das „Lexikon für den Arsch“ geworfen und mich auf Fehler hingewiesen und Angaben wie den *Ruscheldups* beigesteuert. Dank an Ulrich Seidler, der als Redakteur die Veröffentlichungen eines Teils dieser Texte in der Berliner Zeitung betreute, ohne die mutmaßlich dieses Buch nie entstanden wäre.

Dem Verleger Alexander Schug verdankt dieses Buch seine Entstehung, ohne seine Aussicht auf Drucklegung, seine Geduld und sein stetiges Beharren auf Ordnung und Struktur hätte ich nicht so viele Jahre an dem Manuskript gearbeitet, um es in die vorliegende Form zu bringen.

Nur durch eine Vielzahl an Wörterbüchern konnte ich dieses Buch schreiben und ich empfehle sie sehr zur Vertiefung und Erweiterung des Wortschatzes und zum Vergnügen.

Literatur

Johann Christoph Adelung: *Grammatisch-kritisches Wörterbuch der Hochdeutschen Mundart* (Leipzig 1793)

Theodor Constantin: *Das neue Berliner Schimpfwörter Buch* (Berlin 1986)

Eberhard Dilba: *Typographie-Lexikon* (Düsseldorf 2004)

Sebastian Freud: *Handbuch der Beschimpfungen* (München 2007)

Jacob und Wilhelm Grimm: *Deutsches Wörterbuch* (München 1991)

Hans Gross: *Encyclopädie der Kriminalistik* (Leipzig 1901)

Ludwig Kapeller: *Schimpflexikon* (München 1968)

Heinz Küpper: *Wörterbuch der deutschen Umgangssprache* (Hamburg 1963)

Otto Ladendorf: *Historisches Schlagwörterbuch* (Straßburg und Berlin 1906, Reprint Hildesheim 1968)

Hans Meyer: *Der Richtige Berliner in Wörtern und Redensarten* (Berlin 1904)

Andreas Musolff: *Krieg gegen die Öffentlichkeit* (Wiesbaden 1996)

Dieter Nadolski: *Kleines Lexicon der Schwartzen Kunst* (Leipzig 1985)

Hermann Paul: *Deutsches Wörterbuch* (Berlin 1992)

Herbert Pfeiffer: *Großes Schimpfwörterbuch* (Frankfurt/Main 1996)

Wolfgang Pfeifer: *Etymologisches Wörterbuch des Deutschen* (Berlin 1993)
Julius Pokorny: *Indogermanisches etymologisches Wörterbuch* (Bern/München 1959)
Simon Roten: *Ein Teutscher Dictionarius* (Augsburg 1571)
Karl Heinrich Schaible: *Deutsche Stich- und Hiebworte* (London 1885)
Sonja Schnitzler und Werner Hirte: *Verflucht und zugenäht, Schimpfwörter aus unserer lieben Muttersprache* (Berlin 1977)
Adolf Josef Storfer: *Wörter und ihre Schicksale* (Zürich 1935)
Siegmund A. Wolf: *Wörterbuch des Rotwelschen* (Mannheim 1956)
Christina Zacker, Jörg Müller, Gerald Drews: *Von Aas bis Zimtzicke* (Augsburg 1997)